Sextner Dolomiten Naturpark Drei Zinnen

Herausragende Dolomiten

Eugen E. Hüsler

GPX-Daten zum Download

www.kompass.de/gpx

Kostenloser Download der GPX-Daten der im Wanderführer enthaltenen Wandertouren. Mehr Informationen auf Seite 3.

AUTOR

Eugen E. Hüsler • geboren 1944 in Zürich, lebt seit 1983 in Oberbayern; Publikation zahlreicher Reise- und Wanderführer, vor allem über die Schweiz und alpine Regionen. Kein Extremer, aber ein unermüdlicher „Erforscher" der Alpen mit einem ausgeprägten Hang zu abgelegenen Winkeln, einsamen Wegen und „eisenhaltigen" Routen. Hat bis heute über 100 Bücher veröffentlicht, darunter einige Standardwerke.

Weitere KOMPASS-Wanderbücher des Autors: 5734 Dolomiten 4, Abteital, Gadertal, 5710 Dolomiten 5, Pustertal, 980 Dolomiten, Cortina d'Ampezzo.

VORWORT

Gar keine Frage, die Sextener Dolomiten gehören zu den attraktivsten Regionen der „Bleichen Berge", nicht nur der weltberühmten Drei Zinnen wegen. Wer einmal hineingewandert ist ins Fischleintal, staunend vor der Sextener „Sonnenuhr" (Neuner bis Einser) stand oder auch nur vom Helm – aus gebührendem Abstand also – diesen Zackenwald, der aus lauter felsigen Unikaten besteht, in Augenschein genommen hat, der wird wiederkehren.

Unvergessliche Eindrücke vermittelt die mehrtägige Hüttentour vom Misurinasee bis nach Auronzo, auf Wanderwegen und Klettersteigen, oder allein schon der Klassiker schlechthin, die Runde über Drei-Zinnen-, Büllelejoch- und Zsigmondyhütte. Die herrliche Kulisse der Südtiroler Sextener hat aber auch eine Rückseite, „the other side of paradise", wie ein Gebirgskenner sie einmal nannte: wild, schier unzugänglich und entsprechend einsam. Wer kennt denn beispielsweise die Val del Márden im Rücken des Zwölfers oder ist schon einmal dem Monte Aiárnola aufs felsige Haupt gestiegen, hat das stille Ambata-Tal erkundet?

Die Sextener Dolomiten sind viel mehr als nur Drei Zinnen und Fischleintal – ein faszinierend schönes Gebirge mit berühmten und ganz versteckten Highlights. Um sie kennen zulernen muss man hinaufsteigen zu den Hütten und Gipfeln, hineinwandern in die Täler.

Viel Spaß dabei wünscht Ihnen

ORIENTIERUNG MIT GPS

Für Navigationsgeräte und Apps haben wir auf unserer Webseite alle Touren im GPX-Format zum Download bereitgestellt:

www.kompass.de/gpx

Hier findet man alle weiteren Information. Einfach das richtige Produkt auf der Seite auswählen, die Daten herunterladen und auf das Zielgerät oder in die gewünschte App importieren.

Mehrwert mit Spaßfaktor: Ob vorab zur Planung, als Sicherheit für Unterwegs oder zum Erinnern und Archivieren der gegangenen Tour. Die digitale Wanderroute ist in vielerlei Hinsicht wertvoll. Ein Blick auf die Daten hilft neues zu Entdecken und liefert Inspirationen für die nächsten Touren. Alle Wandertouren aus diesem Führer stehen im GPX-Format kompakt und genau zur Verfügung.

Was ist ein GPX-Track? GPX ist ein Datenformat für Geodaten. Das Wort GPS steht für Global Positioning System (Globales Positionsbestimmungssystem). Mit einem GPX-Track bekommt man die rote Linie, also den Wanderpfad, als geografische Koordinaten.

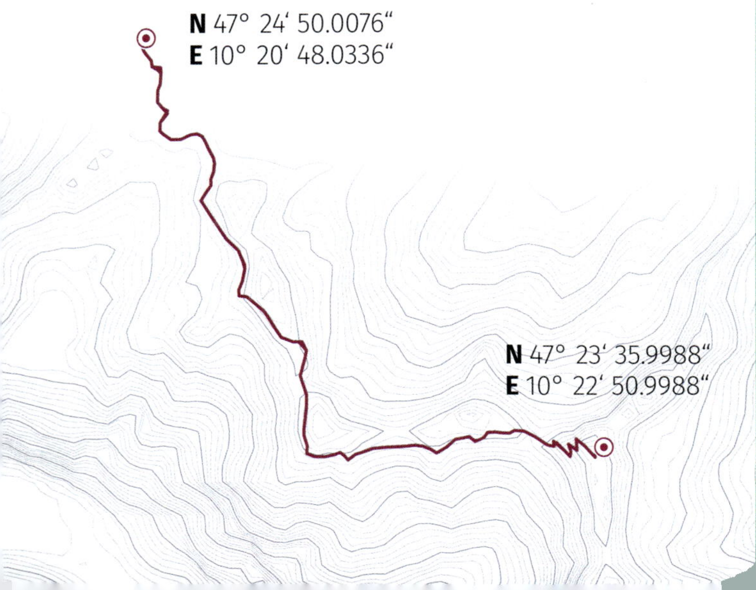

INHALT UND TOURENÜBERSICHT

AUFTAKT

Grün und grau: das Cristallomassiv von der Plätzwiese aus gesehen.

ANHANG

km	h	hm	hm									Karte
13,5	3:30	140	140	✓	✓		✓		✓	✓		57
11	5:45	1060	1060	✓			✓	✓			✓	58
12	5:15	1060	1060	✓	✓			✓				57
17	8:00	1600	1600	✓	✓			✓				58
13	5:45	1200	1200	✓	✓			✓				58
17	6:45	1310	1310	✓	✓		✓	✓			✓	57
13	4:45	900	900	✓	✓			✓				57
21,5	7:00	1220	1220	✓	✓		✓				✓	58
10	5:45	1120	1120	✓	✓			✓				57
11	5:15	920	920	✓	✓			✓				57

Große und Westliche Zinne über dem Rienztal.

INHALT UND TOURENÜBERSICHT

km	h	hm	hm									Karte
8	3:30	580	580	✓	✓							57
9,5	3:15	370	370	✓	✓		✓				✓	58
9,5	4:45	550	550	✓	✓		✓	✓			✓	58
15	5:00	600	600	✓	✓		✓				✓	58
12,5	4:30	600	600	✓	✓		✓	✓			✓	58
8	3:00	610	610	✓	✓		✓				✓	58
11	5:00	1030	1030	✓	✓		✓	✓			✓	58
13	6:45	550	930	✓	✓	✓	✓				✓	58
13	6:30	600	980	✓	✓	✓	✓				✓	58
9	3:00	260	640	✓	✓	✓	✓				✓	58
7	3:30	640	640	✓	✓	✓		✓				58
12	4:00	420	660	✓	✓	✓	✓				✓	58
18	7:30	1420	1420	✓			✓	✓			✓	58
14,5	6:00	1030	1030	✓			✓				✓	58
9	3:00	380	340	✓	✓						✓	58
15,5	4:45	590	1320	✓	✓	✓	✓	✓			✓	58
8,5	3:15	690	690	✓	✓			✓			✓	58
10,5	4:15	780	780	✓	✓			✓			✓	58
13	3:00	210	210	✓	✓		✓		✓		✓	58
12	4:15	770	770	✓	✓		✓				✓	58
18	6:45	1160	1160	✓	✓		✓				✓	58
17	8:30	1500	1500	✓	✓		✓	✓			✓	58
18	7:15	1220	1220	✓	✓		✓	✓			✓	58
20	10:30	1600	1600	✓	✓		✓	✓			✓	58
9	3:00	230	790	✓	✓	✓	✓				✓	58

INHALT UND TOURENÜBERSICHT

Rast bei der Drei-Zinnen-Hütte mit Aussicht auf Einser und Elfermassiv.

km	h	hm	hm									Karte
18	6:45	690	1250	✓	✓	✓	✓				✓	58
8	5:45	1100	1100	✓	✓	✓		✓			✓	58
11,75	4:15	380	380	✓	✓	✓	✓				✓	58
16	5:15	790	790	✓	✓		✓				✓	58
10	4:30	630	630	✓				✓				58
18	7:00	1000	1000	✓				✓				58
8,5	2:45	490	490	✓	✓			✓				58
11,5	4:45	910	910	✓			✓	✓				58
11	5:45	1180	1180	✓								58
13	5:45	980	980	✓				✓				58
11,5	6:00	1260	1260	✓				✓				58
15	6:30	1370	1370	✓	✓		✓				✓	58
12	6:45	1440	1440	✓								58
15,5	6:30	1280	1280	✓							✓	58
18	9:00	1450	1450	✓			✓				✓	58

Die Sextener Dolomiten vom Karnischen Hauptkamm.

GEBIETSÜBERSICHTSKARTE

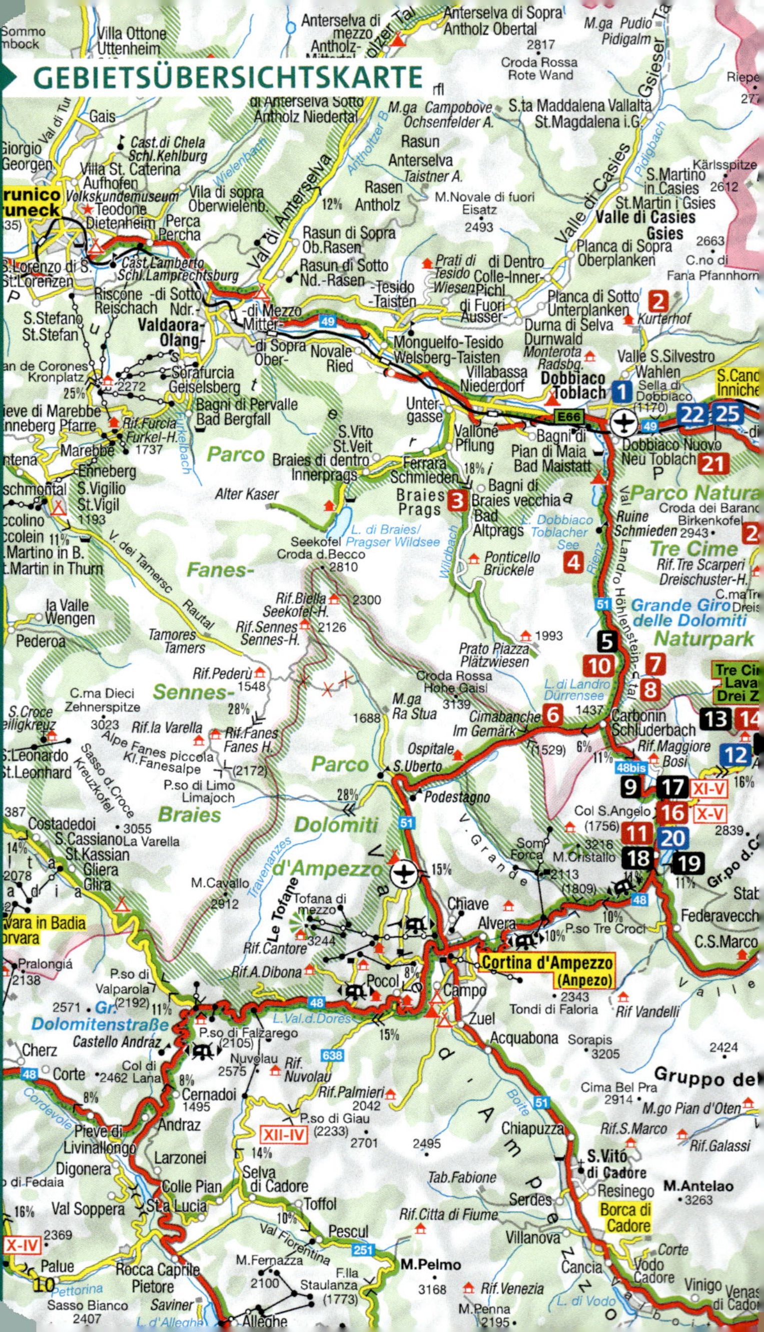

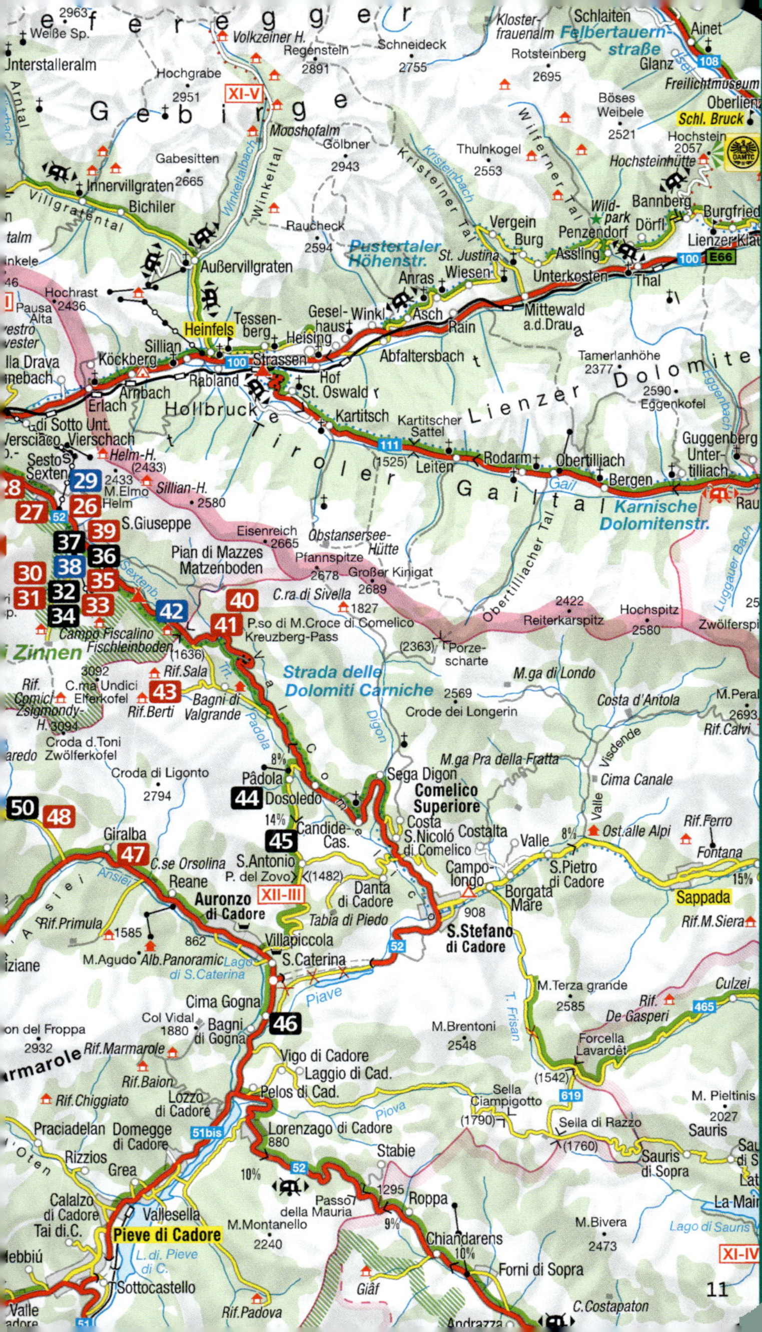
Defereggen Gebirge
Weiße Sp.
2963
Volkzeiner H.
Regenstein
2891
Schneideck
2755
Klosterfrauenalm
Schlaiten
Felbertauernstraße
Ainet
Rotsteinberg
2695
Glanz
108
Freilichtmuseum
Oberlienz
Schl. Bruck
Böses Weibele
2521
Hochstein
2057
Hochsteinhütte
ÖAMTC
Unterstalleralm
Hochgrabe
2951
XI-V
Mooshofalm
Gölbner
2943
Kristeiner Tal
Kristeinbach
Thulnkogel
2553
Wilferner Tal
Arntal
Gabesitten
2665
Innervillgraten
Winkeltalbach
Winkeltal
Villgratental
Bichiler
Raucheck
2594
Pustertaler Höhenstr.
St. Justina
Vergein
Burg
Wildpark
Penzendorf
Bannberg
Dörfl
Burgfried
Lienzer Klause
Assling
Wiesen
Anras
Unterkosten
Thal
100
E66
Außervillgraten
Hochrast
2436
Pausa Alta
Heinfels
Tessenberg
Gesel-haus
Winkl
Asch
Rain
Mittewald a.d.Drau
Heising
Sillian
Strassen
Abfaltersbach
Köckberg
100
Hof
Tamerlanhöhe
2377
Lienzer Dolomiten
2590
Eggenkofel
Eggenbach
Arnbach
Rabland
St. Oswald
Erlach
Hollbruck
Kartitsch
Kartitscher Sattel
Guggenberg
Untertilliach
Tiroler Gailtal
Sotto Unt.
Versciaco Vierschach
Sesto Sexten
Helm-H.
(2433)
111
(1525)
Leiten
Rodarm
Obertilliach
Bergen
Gail
29
2433
M.Elmo
Helm
Sillian-H.
2580
Karnische Dolomitenstr.
27
52
26
39
S.Giuseppe
Eisenreich
2665
Obstansersee-Hütte
Pian di Mazzes
Matzenboden
Pfannspitze
2678
Großer Kinigat
2689
Obertilliacher Tal
Luggauer Bach
37
36
38
30
35
31
32
33
34
Sextenb.
42
C.ra di Sivella
1827
40
41
P.so di M.Croce di Comelico
Kreuzberg-Pass
2422
Reiterkarspitz
Hochspitz
2580
Zwölferspitz
Campo Fiscalino
Fischleinboden
(1636)
(2363)
Porze-scharte
Zinnen
3092
Rif. Sala
Strada delle Dolomiti Carniche
M.ga di Londo
Rif. Comici
Zsigmondy-H.
3094
C.ma Undici
Elferkofel
43
Rif.Berti
Bagni di Valgrande
Padola
2569
Crode dei Longerin
Costa d'Antola
M.Peralba
2693
Rif.Calvi
Val Comelico
Digon
Croda d.Toni
Zwölferkofel
Visdende
Croda di Ligonto
2794
8%
Pàdola
M.ga Pra della Fratta
Cima Canale
Sega Digon
Comelico Superiore
Valle
50
48
44
Dosoledo
14%
Costa
Rif.Ferro
Giralba
45
Candide-Cas.
S.Nicolò di Comelico
Costalta
8%
Ost.alle Alpi
Fontana
47
C.se Orsolina
S.Antonio
P. del Zovo
(1482)
Valle
Campolongo
S.Pietro di Cadore
15%
Ansiei
Reane
Auronzo di Cadore
XII-III
Danta di Cadore
Borgata Mare
Sappada
Rif.Primula
1585
Tabìa di Piedo
908
S.Stefano di Cadore
Rif.M.Siera
862
Villapiccola
52
M.Agudo
Alb.Panoramic
Lago di S.Caterina
S.Caterina
M.Terza grande
2585
Culzei
Piave
Rif. De Gasperi
465
Cima Gogna
T. Frisòn
Col Vidal
1880
Bagni di Gogna
46
M.Brentoni
2548
Forcella Lavardêt
Croda da Marmarole
2932
Rif.Marmarole
Marmarole
Vigo di Cadore
Laggio di Cad.
(1542)
Rif.Baion
Pelos di Cad.
Sella Ciampigotto
619
M. Pieltinis
2027
Rif.Chiggiato
Lozzo di Cadore
(1790)
Sella di Razzo
Sauris
Praciadelan
Domegge di Cadore
51bis
Lorenzago di Cadore
880
Piova
(1760)
Oten
Rizzios
Grea
Stabie
Sauris di Sopra
10%
52
Calalzo di Cadore
Tai di C.
Vallesella
Passo della Mauria
1295
Roppa
La Maina
Pieve di Cadore
M.Montanello
2240
9%
Chiandarens
M.Bivera
2473
Lago di Sauris
L. di Pieve di C.
10%
XI-IV
Sottocastello
Forni di Sopra
Giâf
Valle
51
Rif.Padova
Andrazza
C.Costapaton

DAS GEBIET

Im Nordosten der Dolomiten
Ein paar Daten und Zahlen vorab:
Lage: Die Sextener erheben sich im Nordosten der Dolomiten, zwischen Sextental und Val d'Ansiei; sie grenzen nördlich an den Karnischen Hauptkamm, östlich an die Karnischen Alpen, südlich an die Marmarole und westlich an die Pragser Dolomiten und das Cristallomassiv.

Gebirgsgruppen: Sextener Dolomiten, Cadinispitzen
Fläche: etwa 400 Quadratkilometer
Höchster Punkt: Dreischusterspitze (3145 m)
Tiefster Punkt: Lago di Santa Caterina (826 m) im Val d'Ansiei
Bekannteste Gipfel: Dreischusterspitze (3145 m)), Zwölferkofel (3094 m), Drei Zinnen (2999 m), Sextener Rotwand (2965 m), Haunold (2966 m), Einserkofel (2698 m), Monte Piano (2324 m)
Ortschaften: Auronzo, Innichen, Misurina, Pádola, Sexten, Toblach

Natürlich liegt ein kleines Wortspiel nahe angesichts der vielen so formvollendet gebauten Felstürme, und beim Blick auf Drei Zinnen und Zwölfer, auf Cadinizacken und Dreischusterspitze schlägt das Bergsteigerherz garantiert schneller. Doch Steine sind nicht aus Fleisch und Blut, und ihren Namen haben die „sexy", pardon: Sextener Dolomiten von dem Dorf am Nordfuß, der seinerseits von der lateinischen Sechs abgeleitet ist. Denn vor rund tausend Jahren, als das Pustertal christianisiert wurde, erhielten Weiler und Höfe rund um das Kloster Innichen – wie prosaisch! – ganz einfach ihre Nummern…
Damals, das darf man mit Fug und Recht annehmen, wäre niemand auf die Idee gekommen, das steinerne Reich zwischen Innichen und Auronzo anziehend zu finden, man fürchtete die von den Bergen ausgehende Naturgewalt, wusste um ihre Gefahren. Man ging auf die Jagd, und auf den Almen wurde das Vieh gesömmert. Die markanten Zacken vor ihrer Haustüre dienten den Sextenern immerhin als Sonnenuhr, von neun bis eins (bei Schönwetter).

Wer einen Wandertag in den Sextener Dolomiten plant, tut allerdings gut daran, aufzubrechen, bevor die Sonne über dem Neuner (2582 m) steht. Manche Touren sind recht lang, und wenn die Sonne ostseitige

Der Naturpark Drei Zinnen

Das Kerngebiet der Sextener Dolomiten – soweit es zu Südtirol gehört – ist heute Naturschutzgebiet (116 km^2). Es erstreckt sich vom Höhlensteintal im Westen bis zum Kreuzbergpass an der Grenze zum Comélico, von den bewaldeten Talflanken über die Almböden bis zu den felsigen Gipfelhöhen. Die Schutzvorschriften verhindern weitere Eingriffe in noch intakte Bergnatur, schließen Besucher aber keineswegs aus. – In den Tourismusbüros liegen Broschüren auf, in denen auf verschiedene Aspekte des Parks (Geologie, Flora und Fauna) eingegangen wird; im Sommer werden auch geführte Parkwanderungen angeboten.

Siesta am Paternkofel. Im Bild der Zwölfer.

Latschenhänge und Geröllflanken so richtig aufgeheizt hat, wird's bald einmal heiß unterm Hemd. Das gilt vor allem für die Belluneser Südseite, „the other side of paradise" sozusagen, die unbekannte. Alle Welt pilgert ins Fischleintal, bestaunt den so kolossal aufgetürmten Fels, zwischen Zsigmondy- und Drei-Zinnen-Hütte herrscht im Sommer Hochbetrieb, doch wer kennt schon die Val Giralba, den Weg aus dem Ansiei-Tal hinauf zum Paternkofel oder das versteckte Bergjuwel des Val Márden?

Grenzen, Gipfel

So haben auch die Sextener Dolomiten zwei Gesichter, ein populäres und ein wilderes, ein berühmtes und ein unbekanntes – alles auf einer Fläche, die nur wenig größer ist als jene der Stadt München. In der bayerischen Landeshauptstadt ragen auch ein paar markante Türme gen Himmel, doch neben dem Massiv der Dreischusterspitze schaut der Fernsehturm natürlich recht mickrig aus. Die Dreischusterspitze markiert den höchsten Punkt der Dolomitengruppe, die von tiefen Tälern umgrenzt wird: im Norden Puster- und Sextener Tal, im Westen der tiefe Graben des Höhlensteintals, im Süden das waldreiche Val d'Ansiei, im Osten Piavetal und Val Comélico. Insgesamt zählt man in den Sextener Dolomiten vier Dreitausender (Nebengipfel nicht eingerechnet): die Dreischusterspitze (3145 m), den Zwölferkofel (3094 m), den Elferkofel (3092 m) und die Hochbrunnerschneid (3046 m). Der berühmteste Gipfel allerdings verfehlt die magische Grenze um genau einen Meter: die Große Zinne (2999 m).

Drei Zinnen

Die Drei, die eigentlich fünf oder sechs sind und nicht einmal einen richtigen Namen haben, bilden das berühmteste Profil der Dolomiten: einmalig, unvergleichlich. Den

Auch die Drei Zinnen waren im Ersten Weltkrieg Frontgebiet.

schönsten Blick auf das freistehende Felsgebiss aus Hauptdolomit bietet der Paternsattel, nur eine knappe Wanderstunde vom Endpunkt der Drei-Zinnen-Straße. Da schaut man hinein in die Nordwände mit ihren mächtigen Dächern, den senkrechten Kanten.

Erstmals bestiegen wurden die Zinnen in der zweiten Hälfte des 19. Jahrhunderts, alle drei von Mitgliedern der berühmten Bergführerdynastie Innerkofler aus Sexten: 1869 stand Franz Innerkofler mit Paul Grohmann und Peter Salcher auf der Großen Zinne, zehn Jahre danach bestiegen Michael Innerkofler und Georg Ploner die Westliche Zinne (2973 m) – nur die Kleine Zinne (2857 m) widerstand noch. Auch der Innerkofler hatte da seine Zweifel („Ja, wenn'st Flügel hätt'st!“), doch er räumte sie auch gleich weg: 1881 fand der „Michl“, begleitet von seinem Bruder Johann, den Weg zum Gipfel.

Dolomitenflora

Über all der steinernen Pracht rundum darf man die kleinen Farbtupfer links und rechts des Weges nicht übersehen: Blumen. Da blüht es von Juni bis August so üppig wie artenreich, stehen in Wiesen und Wäldern Türkenbund und Feuerlilie; aus Felsspalten wächst die seltene Schopf-Teufelskralle, auf den Almwiesen duften die Kohlröschen. Dass die weißen Sterne der Edelweiße in der Natur weit schöner anzuschauen sind als am Tirolerhut hat sich inzwischen überall herumgesprochen – sogar fern der Berge im flachen Land. Also anschauen, sich freuen, vielleicht auch fotografieren – aber bitte nicht pflücken!

Ein halbes Jahrhundert später rückten dann die Nordwände ins Zentrum des alpinistischen Interesses; 1933 gelang Emilio Comici zusammen mit den Brüdern Angelo und Giuseppe Dimai das „Unmögliche". Ihre Route durch die Nordwand der Großen Zinne wird mit dem Schwierigkeitsgrad VI bewertet, der lange Zeit als Maß aller (bergsteigerischen) Dinge galt. Inzwischen sind die Spitzenkletterer schon in ganz andere Dimensionen vorgestoßen: die „Bellavista" von Alexander Huber, im Jahr 2002 eröffnet, verläuft über das Riesendach der Westlichen Zinne: Schwierigkeitsgrad XI!

Alpinhistorie

Alpinhistorisch betrachtet sind die Dolomiten ausgesprochene Spätzünder. Der Mont Blanc, das Dach der Alpen, war bereits bestiegen (1786), da erhielten die Berge zwischen Eisack und Piave gerade ihren Namen – pikanterweise nach einem französischen Landadeligen und Hobby-Geologen, Déodat Gratet de Dolomieu (1750–1801). Einem breiteren Publikum nähergebracht wurden sie erstmals durch die illustrierten Reiseschilderungen der beiden Engländer Churchill und Gilbert, und so war es kein Zufall, dass der erste große Dolomitengipfel von

Rast oberhalb der Elferscharte. Blick auf Sorapiš und Cadini.

einem Briten bestiegen wurde. John Ball, immerhin Präsident des Alpine Clubs, stand am 19. September 1857 auf dem Gipfel des Monte Pelmo. Großer Pionier der Dolomiten war allerdings ein Wiener: Paul Grohmann, dem in den sechziger Jahren des 19. Jahrhunderts viele Erstbesteigungen gelangen, auch in den Sextenern (Große Zinne, Dreischusterspitze). Viel in den Sextenern unterwegs war auch ein berühmter „Führerloser“ aus Wien, Emil Zsigmondy. Nach ihm ist heute ein Gipfel in den Sextenern benannt (Zsigmondykopf, 2998 m).

Festung am Monte Tudaio (Tour 46).

Krieg in den Alpen

Wer zu Fuß in den Sextener Dolomiten unterwegs ist, kann – auch mehr als drei Generationen nach Kriegsende – die Spuren des „Grande Guerra“ nicht übersehen. Die Gebirgsfront von 1915–1917 verlief quer durch die Dolomiten, über Täler und Gipfel, im östlichsten Abschnitt vom schwer umkämpften Monte Piana zu den Drei Zinnen und über den Elfer zum Karnischen Hauptkamm. So stößt man allenthalben auf Relikte jener unseligen Zeit; viele der heute säuberlich nummerierten Wanderwege führten einst direkt an die Front. Auch der berühmte „Alpinisteig“ hat unheilige Väter, und am Plateauberg Monte Piano haben die Dolomitenfreunde im ehemaligen Frontgelände ein großes Freilichtmuseum angelegt.

Am Meeresgrund geboren

Die Dolomiten sind im Wesentlichen aus sogenannten Sedimenten aufgebaut, Kalkablagerungen des urzeitlichen Tethys-Meeres, die erst mit der (durch den Zeitlupen-Zusammenprall der afrikanischen und der europäischen Kontinentalscholle ausgelösten) Alpenhebung ans Tageslicht kamen und zum Gebirge aufgetürmt wurden. Landschaftsprägend ist vor allem der markant geschichtete Hauptdolomit, der alle bedeutenden Gipfel bildet; der Unterbau des Massivs besteht überwiegend aus Schlerndolomit, dem Raibler Schichten aufliegen. Besonders schön zeigt sich diese Gesteinsfolge am Elfermassiv, wo der „Alpinisteig“ über die aus Raibler Schichten gebildete markante Terrasse verläuft. Stark tonhaltig bilden sie auch den Untergrund der hübschen Seeaugen dies- und jenseits des Toblinger Riedls (2405 m). Der seichte Dürrensee im Höhlensteintal wurde durch angeschwemmtes Geröll aufgestaut, wie auch der am Ausgang des tiefen Grabens gelegene Toblacher See.

SCHWIERIGKEITSGRADE

■ LEICHT

In der Regel gut angelegte und gut markierte (Berg-)Wege ohne echte Gefahrenstellen, die jedermann begehen kann. Das schließt aber kurze, kräftige Steigungen nicht aus. Auch für alpine Anfänger geeignet.

■ MITTEL

Wege und Steige in felsigem, hochalpinem Gelände, die teils mit Leitern und Drahtseilen versehen sind. Ein Mindestmaß an alpiner Erfahrung, Trittsicherheit und vor allem festes Schuhwerk sollten nicht fehlen.

■ SCHWER

Anspruchsvolle, z. T. auch recht lange Bergtouren mit teils ausgesetzten und auch gefährlichen Stellen. Kondition, Schwindelfreiheit sowie Trittsicherheit sind ebenso notwendig wie die richtige Ausrüstung.

HINWEIS

Gehzeiten und Schwierigkeitsbewertungen können nur Richtwerte sein. Objektive Faktoren wie das Wetter und individuelle Voraussetzungen gilt es zu berücksichtigen!

KLETTERSTEIGE

Die Dolomiten sind ein Dorado für Klettersteigler. Einige der Vie Ferrate in den Sextener Dolomiten werden in diesem Führer vorgestellt. Ausgeklammert bleiben die anspruchsvolleren Routen, für diese gibt es Spezialliteratur.

EINKEHRMÖGLICHKEITEN

Das Einkehrsymbol in den farbigen Balken bezieht sich auf Einkehrmöglichkeiten unterwegs. Da sich die Öffnungszeiten saisonal und regional sehr unterscheiden, sollten Sie sich vorab über Übernachtungs- und Einkehrmöglichkeiten informieren. Infos S. 184/185.

MEINE LIEBLINGSTOUR

Drei-Zinnen-Hütte

Drei Zinnen schauen – das kann man auf vielen Wegen. Wer's bequem mag, startet gleich oben an der „Drei-Zinnen-Straße". Schöner, abwechslungsreicher, aber auch anstrengender ist die Wanderung vom Fischleintal herauf. Dafür genießt man dabei Ausblicke auf fast alle Gipfel der Sextener Dolomiten, vom Einser bis zum Haunold. Und nach drei Wanderstunden öffnet sich der Vorhang, zeigen sich die Drei Zinnen in ihrer ganzen Schönheit, frei über der Langen Alm stehend. Was für ein Bild!

Drei-Zinnen-Hütte

MEINE HIGHLIGHTS

1: Die Drei Zinnen. Man kann sich den berühmtesten Zacken von allen Seiten nähern, auf sehr viel begangenen und auch auf stillen Wegen.
→ Tour 8, 12–15, 18, 24, 31, 49

2: Ein Klassiker unter den Dolomiten-Klettersteigen ist der „Alpinisteig“, auch in der Light-Variante.
→ Tour 36

3: Sie gehören zu den Sextener Dolomiten, sind aber eine (kleine) Bergwelt für sich: die Cadini di Misurina.
→ Tour 16–20, 50

4: Spannende Wege bietet die attraktive „Rückseite“ der Sextener Dolomiten.
→ Tour 47–50

5: Der Karnische Hauptkamm ist der schönste Balkon vor den Sextener Dolomiten.
→ Tour 26, 40, 41

4

5

TOBLACH UND TOBLACHER SEE

Kultur und Natur

13,5 km | 3:30 h | 140 hm | 140 hm | 57

START | Toblach (1241 m), Ortsmitte. Toblach ist Station der Bahnlinie Franzensfeste – Lienz in Osttirol
[GPS: UTM Zone 33 x: 287.820 m y: 5.179.510 m]
CHARAKTER | Rundwanderung in schöner Dolomitenkulisse auf guten Wegen, wenig Steigung. Besonders sehenswert: Alt-Toblach, der Toblacher See, das Naturparkhaus.

Wer in Toblach nur nach den Dolomitzinnen schaut, verpasst Sehenswertes. Beiderseits der offenen (und zugigen) Wasserscheide (1217 m) zwischen Adria (Rienz) und Schwarzem Meer (Drau) gibt es viel zu entdecken. Im Ortskern, den die barocke Pfarrkirche mit ihrem hohen Turm beherrscht, stehen noch ein paar historische Bauten wie die Herbstenburg (um 1500). Gustav Mahler verbrachte zwischen 1908 und 1910 jeweils die Sommermonate in Toblach, in dessen Grand Hôtel (heute Kulturzentrum) einst Könige wie Albert von Sachsen und Milan I. von Serbien residierten. Die Rothschilds reisten jeweils gleich mit dem eigenen Luxuswaggon an. Die Herrschaften (und ihre Damen) dürften sich damals auch an der Schönheit des nahen Toblacher Sees delektiert haben, der von Wald umsäumt zwischen den steilen Felsflanken am Eingang des Höhlensteintals liegt.

▶ Von der barocken Pfarrkirche, dem Mittelpunkt des alten Dor-

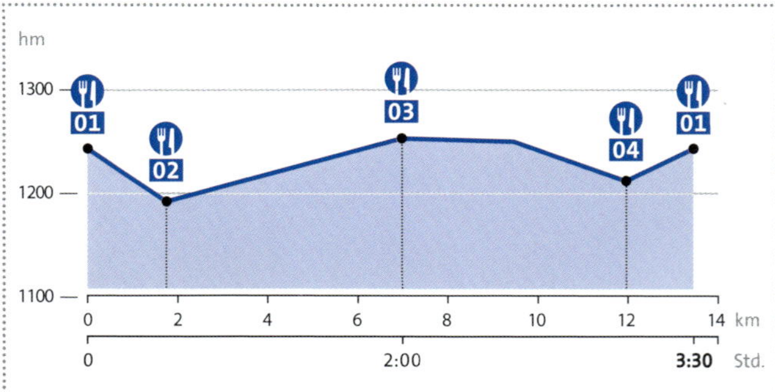

01 Toblach, 1241 m; 02 Gratsch, 1190 m; 03 Toblacher See, 1251 m; 04 Neutoblach, 1210 m

Schaukäserei Drei Zinnen

Die Wanderung zum Toblacher See lässt sich gut mit einem Besuch der 2004 eröffneten Schaukäserei Drei Zinnen an der Pustertaler Straße verbinden. Hier kann man zuschauen wie aus dem Rohstoff, den die Kühe auf den Pustertaler Almen liefern, feine Käse werden (Führungen). Öffnungszeiten: Dienstag bis Samstag 8–19 Uhr, Sonntag 10–18 Uhr, Mitte Juli bis Mitte September auch Montag geöffnet, Tel. 0474 97 13 00.

Der Toblacher See am Eingang ins Höhlensteintal.

fes **Toblach** 01 (1241 m), spaziert man erst durch die Gustav-Mahler-Straße westwärts zu den Häusern von **Gratsch** 02 (1190 m). Hier über die Staatsstraße zum Wildpark und zur Gustav-Mahler-Stube mit dem winzigen Komponierhäuschen, das sich Mahler erbauen ließ, um ungestörter arbeiten zu können. Nun links der Rienz zum gleichnamigen Weiler, und über die Saghäuser (1220 m) weiter zum Abfluss des nur sechs Meter tiefen **Toblacher Sees** 03 (1251 m). Man umrundet das idyllische Gewässer im Uhrzeigersinn; mehrere Schautafeln informieren dabei über naturkundliche Aspekte. Der Rückweg führt von den Saghäusern nach **Neutoblach** 04 (1210 m), wo das ehemalige Grand Hôtel einen guten Eindruck vom Lebensstil der Hautevolee des 19. Jahrhunderts vermittelt. In dem Kulturzentrum ist auch das „Naturparkhaus Sextener Dolomiten" untergebracht.

Nordwärts zur Pustertaler Straße, die man quert (Lichtsignal), dann leicht steigend auf der St.-Johannes-Straße zurück ins Zentrum von **Toblach** 01.

Interessant: der Lehrpfad am Toblacher See.

TOBLACHER PFANNHORN • 2663 m

Schön auch aus der Ferne

11 km | 5:45 h | 1060 hm ↗ | 1060 hm ↘ | 58

START | Kandellen (1604 m), 5 km von Toblach (Bahnhof). Parkplatz beim Gasthaus Hofer.
[GPS: UTM Zone 33 x: 290.280 m y: 5.182.380 m]
CHARAKTER | Wenig schwierige Gipfelwanderung auf markierten Wegen, die aber aufgrund des Höhenunterschieds (1000 m) etwas Ausdauer verlangt.

Nicht ganz zufällig sind viele Erhebungen am Rand der Dolomiten als besonders lohnende Aussichtswarten bekannt: Schauen auf das „schönste Bauwerk der Welt“ (Le Corbusier), das ist etwas für Genießer. Im Fall des Pfannhorns, das ziemlich genau nordöstlich von Toblach auf der Grenze zu Osttirol steht, kommt neben schönen Talblicken noch die Aussicht auf Rieserfernermassiv und Hohe Tauern dazu. Als ganz große Tour bietet sich dabei der Toblacher Höhenweg an; weniger anstrengend ist eine Besteigung des Pfannhorns von Kandellen aus. Etwa eine Gehstunde unter dem Gipfel steht die renovierte und 2007 neu eröffnete Bonner Hütte.

▶ Die Gipfeltour beginnt auf der Straße, führt vom **Parkplatz** 01 (1604 m) zunächst schattig ins Golfental. Bei der **Verzweigung** 02 (1751 m) rechts und steiler an dem Rücken zwischen Golfen- und Pfannbach bergan. Nach der vierten Straßenkehre verlässt man die Fahrspur (ca. 1900 m) und folgt

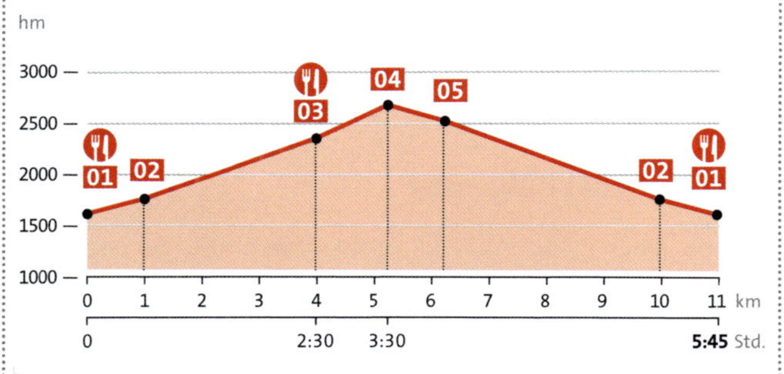

01 Kandellen, 1604 m; 02 Golfental, 1751 m; 03 Bonner Hütte, 2340 m; 04 Pfannhorn, 2663 m; 05 Pfanntörl, 2508 m

Aussichtsgipfel vor den Sextener Dolomiten: das Toblacher Pfannhorn.

dem Bergweg, der im Zickzack weiter kräftig ansteigt. Im Süden zeigen sich bald die ersten Zinnen der Sextener Dolomiten; eher nachdenklich stimmt der Blick in die schwer von Erosion gezeichnete Südflanke des Pfannhorns (Verbauungen, Aufforstung).

Höher am Grashang steht die **Bonner Hütte** 03 (2340 m) – ein schöner Rastplatz gerade noch eine Stunde unterhalb des bereits sichtbaren Gipfelziels. Oben am Toblacher **Pfannhorn** 04 (2663 m) kann man sich dann anhand einer gut hundert Jahre alten Panoramatafel über all die alpinen Sehenswürdigkeiten im weiten Rund informieren.

Der Abstieg führt zunächst am Grenzkamm entlang nordwärts ins **Pfanntörl** 05 (2508 m). An der Wegspinne links hinunter in die grüne Mulde der Bergalm mit ihren kleinen Lacken. Bei der Bergalmhütte (2085 m) stößt man auf eine Schotterpiste. Sie führt durch den Graben des Golfenbachs talauswärts zu der eingangs erwähnten **Verzweigung** 02. Auf der Straße zurück zum **Parkplatz** 01 bei Kandellen.

Der Toblacher Höhenweg

Große, landschaftlich sehr lohnende Gipfelrunde, die aber viel Ausdauer verlangt. Gesamtgehzeit ab Silvestertal etwa 10 Std.; Aufstieg über Silvesteralm zum Blankenstein (2483 m) und weiter am Grat zum Gipfel des Toblacher Pfannhorns (2663 m), Übergang zum Hochhorn (2623 m) und Abstieg nach Frondeigen bzw. ins Silvestertal. Durchgehend markierte Wege, Übernachtung in der Bonner Hütte empfehlenswert.

Schnadige
Lenke
2515
Unterlipper Alm
1904
Außerhütten
Mulfer
Laninger
Multerspitze
2515
Schuheralm (Randlhütte)
1862
Turalalm (Tolderhütte)
1942
Versellscharte
2440
Stolla
Schartl
2064
2165
1942
Stegele
Sprudlplatz
Schuster-
hütte
2056
Pürglers Kunke
2500
2329
Rosserspitz
2457 Pürglers Lenke
Hirberberg
1908
Sealaspitz
2493
Beispitz
2277
Versell
Marerbergalm
Innerpfen
Grubers Lenke
2486
2487
Versell
Hochhorn
Corno Alto
2623
2235
Gaishörndl
2615
2508
Pfanntörl
05
Golfen
2493
Bergalm
Toblacher Pfannhorn
Corno di Fana
Gusternell
Bergalmhütte
2085
Hohe Raste
2458
2663
2507
Spitzkinkele
04
Terneg
2422
Riedl
Bonnerhütte
Rif. Bonner
2340
03
Golfwiesen
Schlichten
2430
Perfal
02
Laniger
Hühnerspiel
Dossa Gallina
2149
Rio di Fana
Ochsenriegel
Naster
Golfenbach
Garten
Wilmersboden
01
Hofer
1604
Pfannbach
Schönegger
Stimpfel
Möser
Schöneggensäge
Silvesterbach
Rio S. Silvestro
Innere Teilwälder
Bodeneck
Äußere
Teilwälder
Scheibeneck
Il Dosso
1954
Innicher Eck
1935
Bannwald
Lachwiesenhütte
1690
Richtfunkturm
Gutmannhof
Glinz
Kuentnerhof
1375
Huber
Raner
Tolderer
Himmelreich
Gaden
Kranzhof
Stolzen
Leitlhof
0
500 m
Micheler
1517
1431
1333
Schopfenhof
1238
Klammschlössl
Walter
Hacker
Innichen
San Candido

SARLKOFEL • 2378 m

Aussichtskanzel über dem Höhlensteintal

12 km | 5:15 h | 1060 hm | 1060 hm | 57

START | Bad Altprags (1379 m), Anfahrt vom Pustertal, Linienbus ab Welsberg bzw. Niederdorf.
[GPS: UTM Zone 33 x: 282.520 m y: 5.176.530 m]
CHARAKTER | Abwechslungsreiche Gipfelrunde mit leicht felsigem Finale. Teilweise schmale, steinige Wege, ein sicherer Tritt und etwas Ausdauer sind wichtig.

Der Sarlkofel mag etwas im Schatten des weit höheren Dürrensteins stehen, doch das macht gar nichts. Im Gegensatz zum viel besuchten „Stein" kann man am Sarlkofel auch an Schönwettertagen noch relative Ruhe genießen, und die Aussicht ist reich an stimmungsvollen Motiven. Die Tour startet beim Bad Altprags, das bereits um 1700 als „herrliches Gliederbad" erwähnt wurde, aber seit Jahrzehnten als Halbruine vor sich hindämmert. So wird es halt nichts mit einem entspannenden Wellnessbad nach der Gipfeltour...

Der Weg zum Sarlkofel führt uns von **Bad Altprags** 01 (1379 m) zunächst auf Asphalt über die Kameriotwiesen sanft bergan gegen das Sporthotel. Kurz davor links und unter dem Sunnbichl auf einem Fahrweg in einen bewaldeten Graben. In ihm aufwärts, zuletzt steil auf einem Fußweg in den **Buchsenriedl** 02 (1803 m). Jenseits der Scharte geht's kurz etwas abwärts zur Putzalm (1743 m), wo der Pfad scharf rechts abknickt und gegen den Suisriedl (2051 m) ansteigt. Die Senke bleibt aber

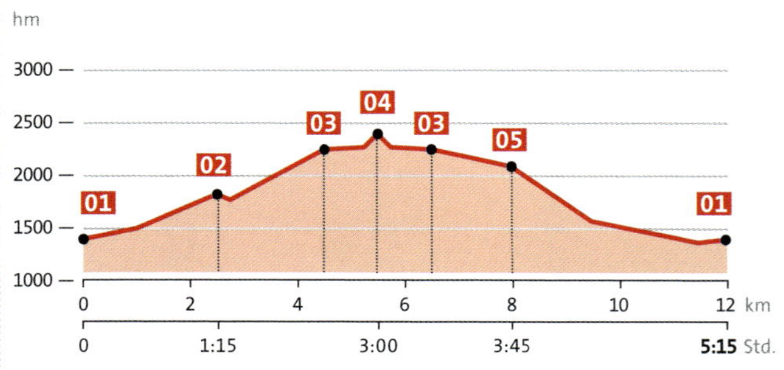

01 Bad Altprags, 1379 m; 02 Buchsenriedl, 1803 m; 03 Sarlsattel, 2229 m; 04 Sarlkofel, 2378 m; 05 Sarlriedl, 2069 m

links; ein Abkürzungssteig leitet direkt in die felsige Westflanke des Sarlkofels. Über harmlose Schrofen gewinnt man am **Sarlsattel** **03** (2229 m) den lang gestreckten Südwestgrat des Gipfels. An der Verzweigung links und auf schmalem, teilweise etwas ausgesetztem Weglein (Drahtseile) in sanftem Anstieg hinaus zum Ostgrat und über ihn zum recht geräumigen Gipfel des **Sarlkofels** **04** (2378 m) mit kontrastreichem Panorama. Packend der Tiefblick auf den Toblacher See.

Haunold und Birkenkofel vom Sarlkofel.

Für den Abstieg nimmt man den Weg, der vom **Sarlsattel** **03** (2229 m) südwärts mit schöner Aussicht auf die Gipfel über dem Höhlensteintal in den **Sarlriedl** **05** (2069 m) führt. Im Vorblick hat man dabei die zerklüfteten Nordabstürze des Dürrensteins (2839 m). Aus der weiten Wiesensenke leitet ein markierter Pfad rechts hinab in den Sarlwald, wo man auf eine Forstpiste stößt. Ihre Schleifen lassen sich nach Bedarf abkürzen. Zuletzt auf der Straße über die Kameriotwiesen zurück nach **Bad Altprags** **01**.

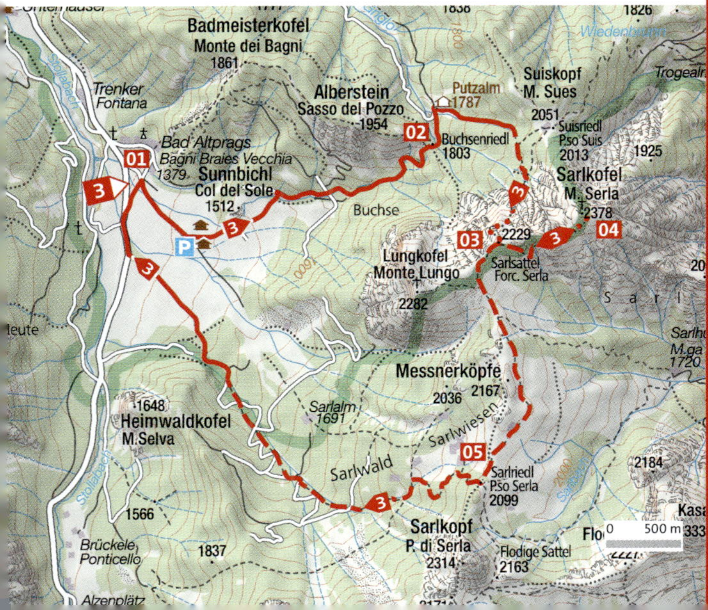

4 HOCHEBENKOFEL • 2905 m

Weiter Weg zum hohen Gipfel

17 km 8:00 h 1600 hm 1600 hm 58

START | Höhlensteintal, Parkplatz hinter dem Schotterwerk, 5,5 km vom Toblacher Sattel. Buslinie Toblach – Schluderbach.
[GPS: UTM Zone 33 x: 287.750 m y: 5.173.660 m]
CHARAKTER | Lange und recht anstrengende Gipfelwanderung, mit Felspassagen oberhalb vom Lückele (I). Trittsicherheit und Ausdauer unerlässlich; Übergang zum wenig höheren Birkenkofel (2922 m) nur für Bergerfahrene (leichte Kletterei, Sicherungen). Großes Panorama vom Gipfel.

Der Blick aus dem Höhlensteintal hinauf zu den schroffen, fast himmelhoch aufragenden Felsabstürzen des Hochebenkofels und des Birkenkofels (2922 m) lässt kaum erahnen, dass sich jeder ausdauernde und trittfeste Wanderer die Besteigung des Hochebenkofels durchaus zutrauen darf. Der Weg zum hohen Gipfel ist zwar weit, 1600 Höhenmeter sind kein Pappenstiel, und auch ein felsiger Aufschwung oberhalb des Lückeles will überlistet sein, doch zuletzt – Überraschung! – geht es über den mächtig-breiten Rücken fast „eben“ zum höchsten Punkt mit der großen Rundschau.

Am Gipfelrücken des Hochebenkofels; links die Drei Zinnen.

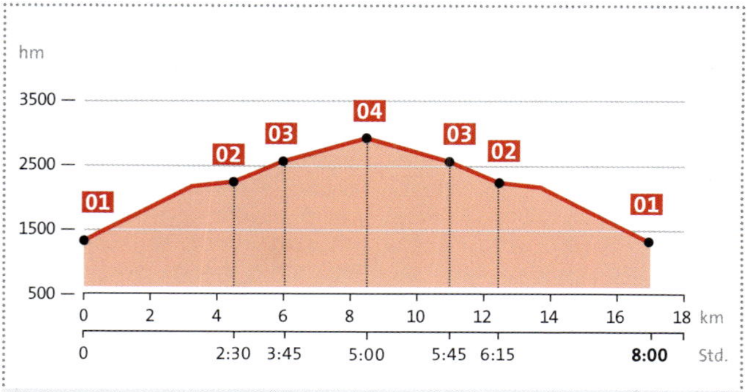

01 Höhlensteintal, 1306 m; **02** Mitteralmsee, 2222 m; **03** Lückele, 2545 m; **04** Hochebenkofel, 2905 m

▶ Vom **Parkplatz** 01 (1306 m) an der „Strada d'Alemagna" führt der Weg, vorbei an schönen Wasserfällen, in den wilden Möselegraben. Man quert zweimal den Bach, dann geht's rechts an dem bewaldeten Hang im Zickzack steil bergan. An einer Geländeschulter (1829 m) wechselt das Steiglein in den Graben unterhalb der Schafalm (etwas ausgesetztes Band). Im Rücken der Kreuzstöcke mündet es auf das wellige Almgelände; hinter einem felsigen Rücken liegt etwas versteckt in einer Mulde der lang gestreckte **Mitteralmsee** 02 (2222 m). Das Gewässer bleibt rechts; der Weg steigt in Kehren über den Geröllhang hinauf in das **Lückele** 03 (2545 m). Aus der Scharte leiten Markierungen links auf ein bequemes Band (Drahtseile). Es mündet in eine seichte Rinne; man durchsteigt sie und erreicht den Grat. An ihm entlang, Felsköpfen ausweichend, zuletzt weglos über den breiten Rücken zum höchsten Punkt des **Hochebenkofels** 04 (2905 m).

Abstieg: Über den gleichen Weg; alternativ vom Lückele ins Innerfeldtal (siehe Tour 23).

Am Weg zum Lückele: der Mitteralmsee und die Bullköpfe.

RAUTKOPF • 2605 m

Einsamer Gipfel über dem Höhlensteintal

13 km 5:45 h 1200 hm 1200 hm 58

START | Ehemaliges Festungswerk Höhlenstein, 500 m nördlich vom Hotel Drei-Zinnen-Blick an der Staatsstraße. Parkmöglichkeit, Bus von Toblach.
[GPS: UTM Zone 33 x: 288.160 m y: 5.169.020 m]
CHARAKTER | Spannende Gipfeltour auf ehemaligen Kriegssteigen; nur Steinmännchen als Markierung. Etwas Orientierungsvermögen erforderlich; zum Gipfel hin kurze, leichte Kletterpassagen (I).

Wenn die Gipfel zwischen dem Höhlenstein- und dem Innerfeldtal insgesamt nicht zu den meistbesuchten der Sextener Dolomiten zählen, dann trifft das auf den Rautkopf in besonderem Maße zu: kein markierter Zustieg, ein wenig markantes Profil und höhere Berge in der Nachbarschaft. Das ändert nichts daran, dass der Rautkopf ein lohnendes Ziel ist, vor allem natürlich für Liebhaber stiller Pfade. Unterwegs viele Relikte des Ersten Weltkriegs, vom Gipfel dann eine herrliche Aussicht, Drei-Zinnen-Blick inklusive.

▶ Von der **Strada d'Alemagna** 01 (1395 m) auf dem Fahrweg, der links an der Feste Landro vorbeiführt, 200 Meter weit, dann spitzwinklig rechts zu den höher gelegenen Festungsanlagen. Im Rücken der Betonbauten leitet eine deutliche Spur in den Wald, wo sie kurz steil ansteigt, sich dann zu einem bequemen Serpentinenweg wandelt. In etwa siebzig Kehren zieht der ehema-

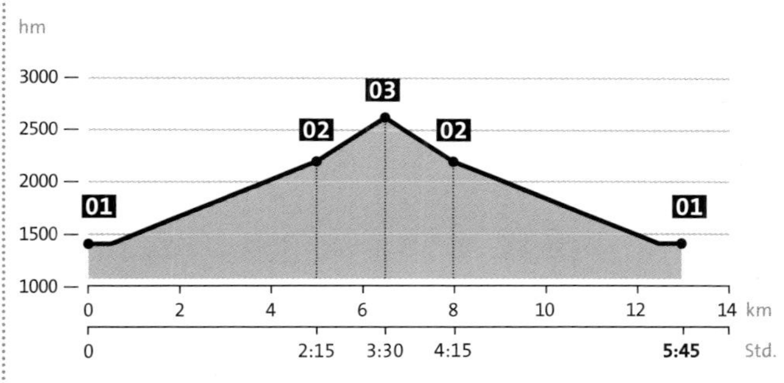

01 Höhlenstein, 1395 m; 02 Artilleriestellung, 2175 m; 03 Rautkopf, 2605 m

lige Nachschubweg an der Westflanke des Rautkopfs bergwärts, zunächst im Wald, dann zwischen Latschen und schließlich über Geröll hinauf zur ehemaligen **Artilleriestellung** **02** (2175 m) in schöner Aussichtslage.

Hinter den Stellungen leiten Spuren an dem felsigen Rücken aufwärts auf ein Band, das nach rechts ansteigt und in einen Geröllhang mündet. Über ihn mühsam etwa zwanzig Höhenmeter hinauf, dann links auf ein felsiges Eck (Steinmann). Im Zickzack auf nur teilweise noch erhaltener Trasse weiter bergan, dann rechts auf ein markantes, teilweise überdachtes Band. Man verfolgt es bis zum Ende und steigt über einen Hang auf zum lang gestreckten Südrücken des Rautkopfs mit seinen alten Befestigungen. Nun über leichte Felsen zu einer steilen Sandrinne, die westlich unter dem abgeflachten Gipfel ansetzt, und rechts haltend zum Südgipfel des **Rautkopfs** **03** (2605 m). Vor einem Übergang zum nur zwei Meter höheren Nordgipfel muss gewarnt werden: kurze, aber exponierte Kletterei in extrem brüchigem Gestein!

Abstieg: Nur auf dem Anstiegsweg!

Ehemalige Artilleriestellung unter dem Rautkopf. Blick auf den Dürrensee.

Blick vom Südgrat des Rautkopfs zu den Drei Zinnen.

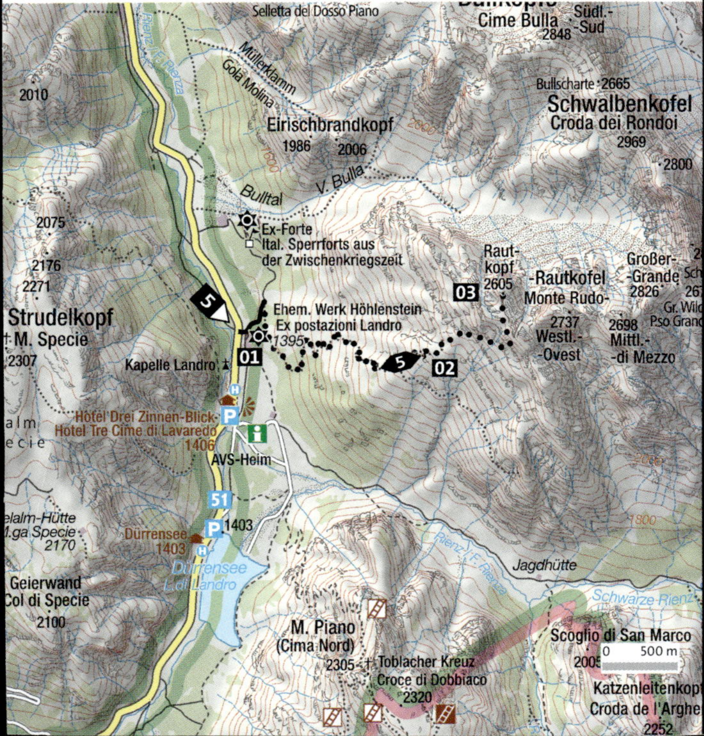

6

DÜRRENSTEIN • 2839 m

Kurz oder lang?

17 km | 6:45 h | 1310 hm | 1310 hm | 57

START | Die Wasserscheide Im Gemärk/Cimabanche (1530 m, Bushalt) oder (kürzere Variante) der Parkplatz Plätzwiese (1979 m). Mautpflichtige Zufahrt zur Plätzwiese im Hochsommer ab Gasthaus Brückele nur bis 10 Uhr gestattet, sonst Buspendelverkehr. [GPS: UTM Zone 33 x: 284.310 m y: 5.166.170 m]
CHARAKTER | Wenig schwierige, vom Gemärk aus allerdings recht lange Tour, am Gipfelaufbau harmlose Felspassage (Drahtseil).

Keine Frage, der Dürrenstein gehört zu den schönsten Aussichtspunkten im Norden der Dolomiten, und das liegt auch an seiner Randlage: hellgrau die Dolomitzacken, grünwellig das Pustertal, dunkel die Granite und Gneise im Norden, in der Rieserfernergruppe und am Alpenhauptkamm. So etwas lockt viele Besucher an, und die meisten kommen aus dem Pustertal, weil man da bis an den Rand der Plätzwiese (1991 m) fahren kann. Das verkürzt den Anstieg natürlich ganz erheblich (4 Std. hin und zurück). Wer im Gemärk startet, muss erst einmal durch das Knappenfußtal in die Almregion aufsteigen, hat dabei in der Regel aber wenig Gesellschaft – ganz im Gegensatz zum eigentlichen Gipfelsteig. Oben am Dürrenstein kann es bei sommerlichem Schönwetter ziemlich eng werden. Ganz anders spät am Nachmittag drunten im Gemärk: Wenn man nach der großen Tour wieder bei der „Strada d'Alema-

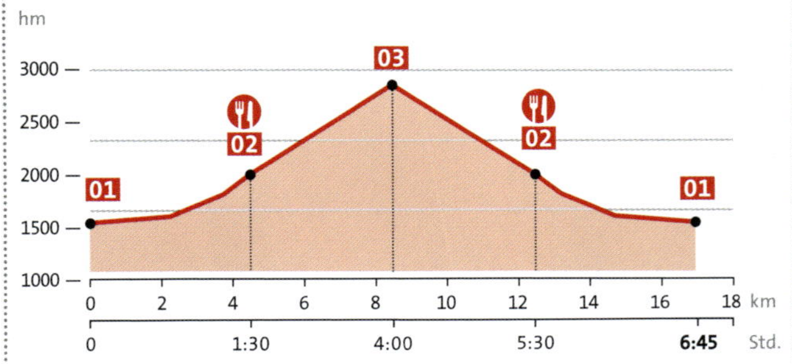

01 Im Gemärk, 1530 m; 02 Plätzwiesensattel, Plätzwiesenhütte, 1991 m; 03 Dürrenstein, 2839 m

P.so Serla
2099
Sarlkopf
P. di Serla
2314
Flodige Sattel
2163
Flodigespitz
2227
Kasamutz
2333
2243
1837
2171
Flodige Wiesen
Flodigealm
2039
Heimwald
Kirchler Schroppen
2280
Kirchler Scharte
Forc. d. Chiesa
2243
Militärfriedhof
Kälberleger
Dürrenstein
Picco di Vallandro
2737
Glanvell
2839
03
Kirchler Graben
Kirchler Lahn
1981
Rio Valle
2070
2030
2700
Große Pyramide
Crepe di Valchiara
Gran Pala
2622
2711
2702
Pyrmaden
2224
1905
2406
2332
2123
Lang Graben
2010
2408
Helltaler Schlechten
Plätzwiesenhütte
Rif. Prato Piazza
02
Plätzwiesensattel
P.so Prato Piazza
Hohe Gaisl
Croda Rossa
1991
Almhütte Plätzwiese
Malga Prato Piazza
2030
1866
1991
1994
2014
Stolla Alm
M.ga Stolla
1950
2267
Straße für KFZ teilw. gesperrt
Strudelkopfsattel
Sella di M.Specie
2200
2307
2107
2027
2050
Ehem. Werk Plätzwiese
Ex-Forte Vallandro
2106
Dürrensteinhütte
Rif. Vallandro
2040
2296
Gaislköpfe
Sassi della Croda
2231
2409
2176
2179
Strudelalm
Alpe Specie
Knollkopf
Col Tondo
dei Canope
2682
Costa del Pin
2389
2176
Seelandbach
2218
2523
Strudelalm-Hütte
1661
Rautköpfe
2204
2102
2183
Rio di Specie
Geierwand
1731
Colfiédo
2185
2081
2063
1837
1800
51
1918
1923
6
01
Im Gemärk
P.so di Cimabanche
1530
Sorabances
Cimabanche
Cimabanche
L. Bianco
Schluderbach
Carbonin
1438
1512
1565
Sorg. di Rufiedo
L. Negro
L. de Rufiedo
2061
2013
0
500 m

gna“ ankommt, sind die Ausflügler längst abgezogen, die letzten Sonnenstrahlen züngeln am Cristallo und ein paar Trucks rauschen vorbei. Gegensätze, wie man sie in den Dolomiten immer wieder erleben kann.

▶ Von der Passhöhe **Im Gemärk** 01 (1530 m) auf einer Schotterpiste über den mit Latschen bewachsenen Schuttkegel ins Knappenfußtal und durch den Graben bis zu seinem Ende; hier rechts steil bergan durch eine seichte Mulde zum **Plätzwiesensattel** 02 (1991 m).

Über die Straße und wenig später zum quer verlaufenden „Dolo-

Der höchste Gipfel der Pragser Dolomiten: die Hohe Gaisl.

Am Gipfel des Dürrensteins.

miten-Höhenweg 3". Man kreuzt ihn und folgt dem Weglein, das schräg durch die kahle Südwestflanke des Bergstocks (Brunnen) ansteigt, oberhalb der Dürrensteinalm dann in Kehren zum Grat führt. Am Kamm entlang zum Vorgipfel, dahinter über eine kurze Felsstufe abwärts und zum kreuzgeschmückten Hauptgipfel (Drahtseil) des **Dürrensteins** 03 (2839 m). Grandios die Rundschau mit der Hohen Gaisl (3146 m) und dem Cristallomassiv als Blickfang.

Abstieg: Nur auf dem Anstiegsweg.

Was für eine Schau! Sonnenaufgang am Dürrenstein, Blick zu Pelmo und Civetta.

STRUDELKOPF • 2307 m

Logenplatz über dem Höhlensteintal

13 km | 4:45 h | 900 hm | 900 hm | 57

START | Parkplatz beim Hotel Drei-Zinnen-Blick (1406 m). Bus von Toblach.
[GPS: UTM Zone 33 x: 288.160 m y: 5.169.020 m]
CHARAKTER | Recht spannender Anstieg zu einem schönen Aussichtspunkt über dem Höhlensteintal; Trittsicherheit erforderlich.

Das weite Almrevier der Plätzwiese gehört zu den beliebtesten Ausflugszielen in den Pragser Dolomiten – wen wundert's bei dieser zauberhaften Kulisse aus Wiesengrün und Felsgrau? Zwei mächtige Bergstöcke dominieren das Kalenderbild: die Hohe Gaisl (3146 m) im Westen und der Cristallo (3221 m) im Süden; dazu genießt man die Aussicht zum steinernen Zackenwald der Cadini. Noch umfassender ist die Rundschau von den Strudelköpfen, die sich als Ausläufer des Dürrensteins östlich der Plätzwiese erheben und über steile Felsflanken ins Höhlensteintal abfallen. Unten am Dürrensee startet der schönste, allerdings nicht der kürzeste Weg zur schönen Aussicht, und wie so oft in dieser Gegend vermittelt ein kunstvoll angelegter ehemaliger Kriegsweg den Zugang. An diese düstere Zeit erinnert auch das große Heimkehrerkreuz, das die höchste Gipfelkuppe der Strudelköpfe krönt.

▶ Der markierte Weg führt hinter dem **Hotel Drei-Zinnen-Blick** 01 (1406 m) rechts in den

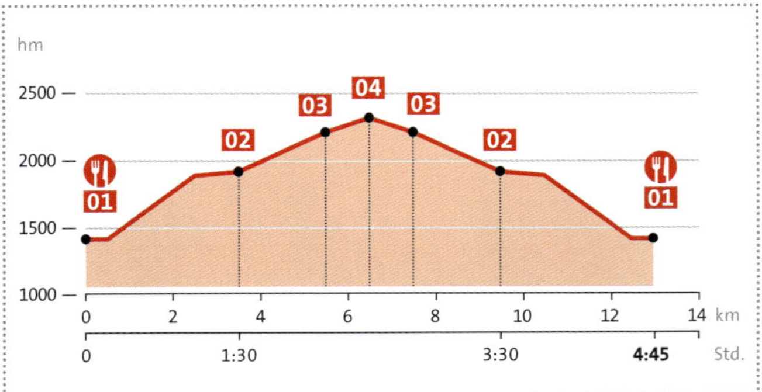

01 Höhlensteintal, Hotel Drei-Zinnen-Blick, 1406 m; 02 Helltal, 1908 m; 03 Strudelkopfsattel, 2200 m; 04 Strudelkopf, 2307 m

Idylle auf der Plätzwiese. Blick zum Cristallomassiv.

Höher als der Strudelkopf: der Dürrenstein.

Wald. Kurz am Felsfuß entlang (Klettergarten), dann geht es an der mit Latschen bewachsenen Ostflanke der Strudelköpfe kräftig bergan, zunächst in langer Querung, anschließend über viele Serpentinen. Dabei genießt man freie Sicht auf die Drei Zinnen. An der Baumwuchsgrenze biegt der kunstvoll angelegte Steig ein ins malerische **Helltal** 02 (1908 m). Man passiert eine Holzstiege und einen kurzen Tunnel; ein 200 m langes, ausgesetztes Band (Drahtseile) leitet leicht absteigend in den Talgrund. Flach um Felsaufschwünge herum und dann in Kehren hinauf in den weiten **Strudelkopfsattel** 03 (2200 m), wo sich ein Prachtblick nach Süden öffnet. Aus der Wiesensenke auf breitem Weg links haltend zum **Strudelkopf** 04 (2307 m) mit dem großen Kreuz.

Abstieg: Auf dem gleichen Weg.

Von der Plätzwiese auf den Strudelkopf

Erheblich kürzer ist der Weg zum Strudelkopf vom Großparkplatz Plätzwiese (1979 m): etwa 1:30 Stunden auf alten Militärstraßen und Kriegswegen, durchgehend markiert. Ein weiterer hübscher Aussichtspunkt über dem weitläufigen Almgelände ist der Knollkopf (2179 m), der sich am Südrand zwischen den Gräben des Seeland- und des Knappenfußtals erhebt; 0:45 Std. ab Parkplatz.

DREI-ZINNEN-HÜTTE • 2405 m

Allmähliche Annäherung

21,5 km 7:00 h 1220 hm 1220 hm 58

START | Parkplatz beim Hotel Drei-Zinnen-Blick im Höhlenstein-tal (1406 m). Anfahrt von Toblach über die „Strada d'Alemagna", Bushalt.
[GPS: UTM Zone 33 x: 288.160 m y: 5.169.020 m]
CHARAKTER | Lange, aber unschwierige Wanderung, bei der man sich dem Naturwunder Drei Zinnen langsam nähert. Faszinierend die Einblicke in ihre Nordwände vom Weg über die Lange Alm.

In unserer Zeit, die stets den raschen Kick sucht, ist es längst Mode geworden, hinaufzufahren zur Auronzohütte (2320 m), um bereits eine Dreiviertelstunde später den ultimativen Blick in die

Die Große und die Westliche Zinne, aus dem Rienztal gesehen.

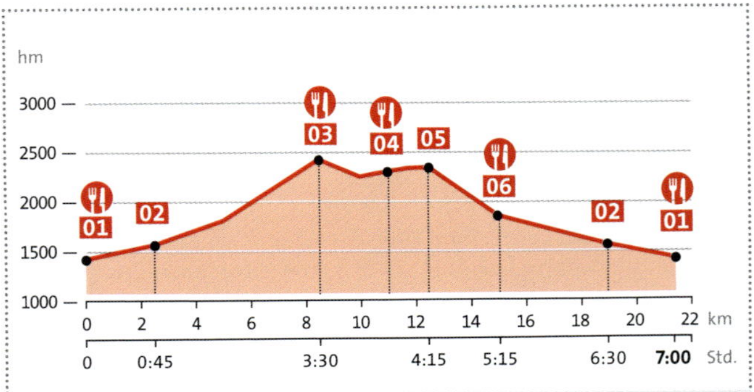

01 Höhlensteintal, Hotel Drei-Zinnen-Blick, 1406 m; **02** Verzweigung, 1550 m; **03** Drei-Zinnen-Hütte, 2405 m; **04** Langalm, 2235 m; **05** Col de Mezzo, 2324 m; **06** Malga Rinbianco, 1841 m

Nordwände der Drei Zinnen zu erleben. Genießer wählen lieber eine allmähliche Annäherung an das Naturwunder, langsam, Schritt für Schritt. Da wachsen die Riesenzähne aus Hauptdolomit immer höher in den blauen Himmel, und später – die Ausflügler sind längst bei Kaffee und Kuchen – sitzt man auf dem grasigen Rücken vor dem Zinnenkopf und verträumt den Nachmittag mit Schauen, Staunen: Zauber der Berge.

▶ Vom Wanderparkplatz beim **Hotel Drei-Zinnen-Blick** **01** (1406 m) führt eine Sandstraße erst flach, dann ansteigend ins Rienztal. Blickfang sind zunächst die Drei Zinnen, die dann aber hinter ihrem felsigen Vorbau verschwinden. Man passiert die Mündung des Rinbianco-Tals **(Verzweigung)** **02**; wenig später wird aus der Schotterpiste ein Wanderweg, der durch das Val Rinbon ansteigt, eine felsige Geländestufe überwindet und schließlich in ein paar Schleifen die stattliche **Drei-Zinnen-Hütte** **03** (2405 m) am Toblinger Riedl erreicht. Auf der großen

Terrasse gibt's neben einer Südtiroler Brotzeit die berühmte Drei-Zinnen-Schau.

Die bleibt dem Wanderer auch bei der Querung der Langen Alm erhalten: kurz abwärts auf dem Hinweg, bei der Wegteilung auf dem Rienzboden links und in leichtem Auf und Ab zum Col Forcellina (2232 m), wo zwischen Steinen und kargem Alpgrün ein paar Seeaugen blinken. Wenig weiter führt der Weg an der **Langalm** **04** (2235 m) vorbei. Nun hinauf zu dem grasigen Rücken vor dem Zinnenkopf. Herrlicher Rast- und Schauplatz; besonders schön präsentieren sich die senkrechten Nordwände der Drei Zinnen mit ihren gewaltigen Dächern im späten Nachmittagslicht.

Auf ausgetretener Wegspur flach hinüber zum **Forcela de l'Col de Mezzo** **05** (2324 m), wo man rechts ins Val de l'Árghena abbiegt. Steil hinunter in den Graben und, nach Süden umbiegend, zur Drei-Zinnen-Straße. An der **Malga Rinbianco** **06** (1841 m) rechts und durch das gleichnamige Tal hinaus zur Schwarzen Rienz **02**. Nun links auf der Sandstraße zurück zum Ausgangspunkt beim **Hotel Drei-Zinnen-Blick** **01**.

Am Weg durch das Rienztal.

CRISTALLINO DI MISURINA • 2775 m

Einsame Tour in großer Kulisse

10 km 5:45 h 1120 hm 1120 hm 57

START | Brücke über den Rio Popena (1659 m) an der Straße von Schluderbach nach Misurina. Wenige Parkplätze.
[GPS: UTM Zone 33 x: 288.770 m y: 5.164.140 m]
CHARAKTER | Einsame Tour in großer Kulisse, am Gipfelanstieg Schrofen und leichte Felsen. Nur im Val Popena markierter Weg, Bergerfahrung unerlässlich.

Es gibt sie noch, die (fast) weißen Flecken auf der Dolomitenkarte, und nicht nur in den südlichen Randgebieten, sogar zwischen Cortina d'Ampezzo und den Sextener Dolomiten. Im Cristallomassiv etwa, dessen Nordflanke jene Postkartenkulisse des Dürrensees abgibt, die immer und immer wieder bestaunt und fotografiert wird: rechts die Cima di Mezzo, in der Mitte der Monte Cristallo (3221 m), flankiert vom Piz Popena, links ein bizarr gezackter Kamm. Höchster Punkt: der Cristallino di Misurina. Kein Traumziel für die Massen, doch wer gerne abseits der Trampelpfade wandert, ist hier genau richtig.

▶ Die Gipfeltour beginnt als Talwanderung und führt von der **Straßenbrücke** 01 (1659 m) in das Val Popena Auta. Der Weg ist an mehreren Stellen abgerutscht, was den Anstieg recht beschwerlich gestaltet; wiederholt muss man ins Bachbett ausweichen (Steinmännchen). Bald tauchen im Talhintergrund die Ciampanìs

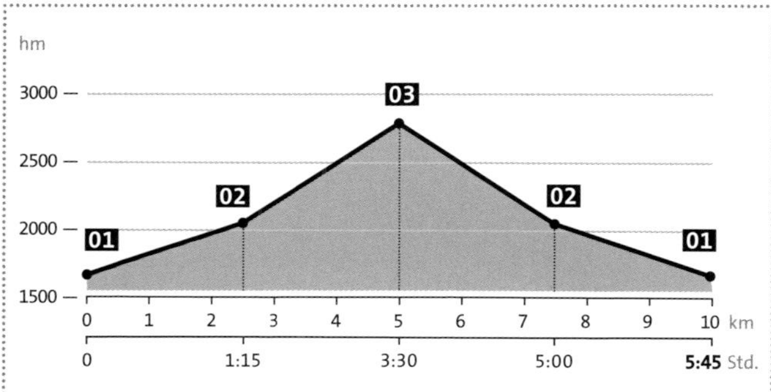

01 Straßenbrücke, 1659 m; 02 Val Popena Auta, 2040 m; 03 Cristallino di Misurina, 2775 m

Am Gipfel des Cristallino di Misurina. Blick auf Piz Popena und Monte Cristallo.

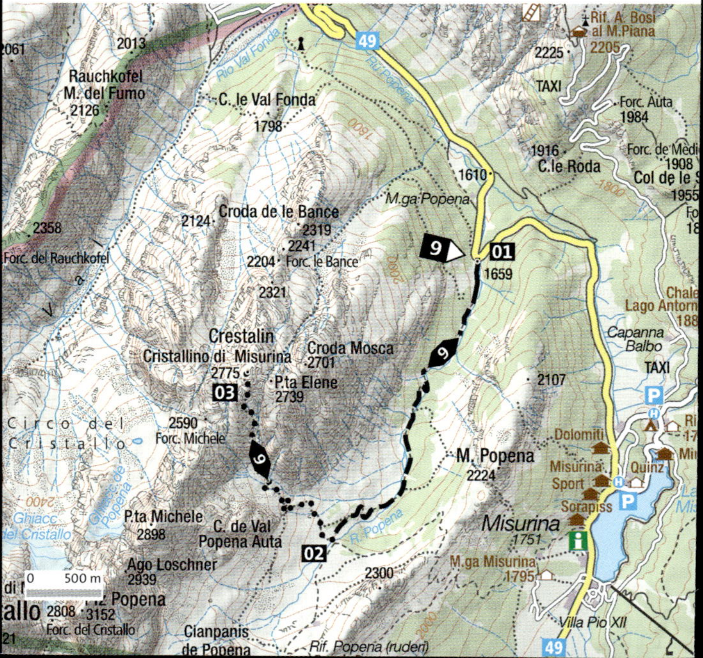

de Popena (2479 m) auf, später kommt auch der Riesenturm des Piz Popena (3152 m) ins Blickfeld, ehe sich zur Rechten ein weites Hochkar öffnet, das Val de le Baracche. Man verlässt das **Val Popena Auta** 02 (2040 m) und folgt dem ehemaligen Militärweg, der in einigen Kehren ansteigt, ehe er auf die Mündung einer Trümmerschlucht zuläuft. Sie bleibt rechts; geleitet von neuen Drahtseilen steigt man in den gestuften Felsen auf. Nach etwa einer Viertelstunde mündet die Mini-Ferrata wieder in die alte Militärtrasse. Der nur noch in Teilen erhaltene alte Kriegssteig führt im Zickzack bergan. Faszinierend die Kulisse mit der riesigen „Hummerschere" des Campanile Dibona als Blickfang.

Die markante Scharte der Forcella Michele (2590 m) bleibt links; vorbei an verfallenen Unterständen aus dem Ersten Weltkrieg erreicht man den Grat und über ihn den Gipfel des **Cristallino di Misurina** 03 (2775 m).

Abstieg: Nur auf dem Anstiegsweg.

Im Val Popena Auta, im Talschluss der originelle Rundturm des Cianpanis di Popena.

10

MONTE PIANA • 2305 m

Fern-„sehen“ und zurückschauen

11 km | 5:15 h | 920 hm | 920 hm | 57

START | Parkplatz schräg gegenüber vom Hotel Drei-Zinnen-Blick (1406 m) im Höhlensteintal; Anfahrt von Toblach (Bushalt). [GPS: UTM Zone 33 x: 288.160 m y: 5.169.020 m]
CHARAKTER | Sehr abwechslungsreiche Gipfeltour mit kurzen Steilpassagen (gesichert). Der Monte Piana, dessen Nordkuppe auch als Monte Piano bekannt ist, gilt als einer der schönsten Aussichtspunkte der östlichen Dolomiten. Historischer Rundweg auf dem Gipfelplateau.

Wer den Monte Piana besucht, hat die Historie oder die Aussicht im Auge. Das ausgedehnte Gipfelplateau war während des Ersten Weltkriegs ein hart umkämpfter Eckpfeiler der Dolomitenfront; Kaiserjäger hielten die Nordkuppe (Monte Piano, 2320 m), Alpini den Monte Piana (2324 m). Heute ist der Berg ein großes Freilichtmuseum: Schützengräben, Stollen, Stacheldrahtverhaue und Bombentrichter als stumme Zeugen, die an das sinnlose Sterben inmitten einer grandiosen Hochgebirgsszenerie erinnern – nie wieder!

Während des Sommers fahren Jeep-Taxis über die (für den Privatverkehr gesperrte) Straße zum Rifugio Bosi (2205 m). In gut einer halben Stunde kommt man so zum Südgipfel und zum großen Panorama. Weiter, aber auch ungleich erlebnisreicher ist die Überschreitung des Berges auf zwei

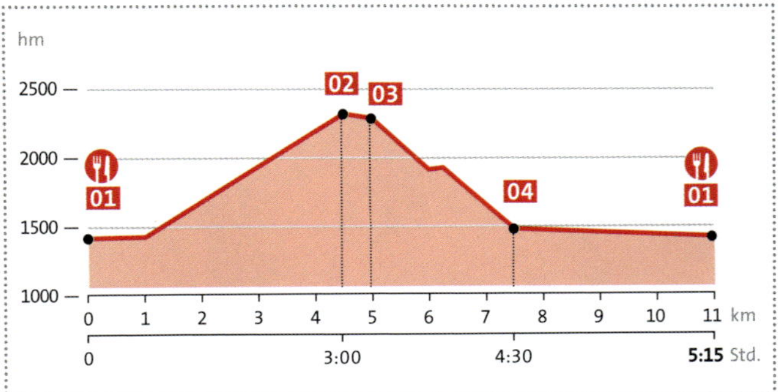

01 Parkplatz Hotel Drei-Zinnen-Blick, 1406 m; 02 Toblacher Kreuz, 2305 m; 03 Forcella dei Castrati, 2272 m; 04 Geröllboden (Abzweig), 1466 m

Blick vom Strudelkopf auf Drei Zinnen und Monte Piana.

interessanten Steigen: hinauf über die vielen Serpentinen des „Pionierweges", Abstieg über den „Touristensteig".

▶ Vom Wanderparkplatz beim **Hotel Drei-Zinnen-Blick** 01 (1406 m) auf einem Sandsträßchen zur Mündung des Rienztals, dann rechts über das breite Geröllbett des Flusses und auf dem Pionierweg (Tafel) in Kehren an der felsdurchsetzten Nordwestflanke des Monte Piano bergan. Dabei genießt man hübsche Tiefblicke auf den seichten Dürrensee; im Westen baut sich über hohen, mit Geröll beladenen Graten die Hohe Gaisl (3146 m) auf. Der Weg tangiert einen kleinen Soldatenfriedhof, führt dann zu den ehemaligen österreichischen Stellungen. Unter der senkrechten Gipfelwand rechts hinaus und in ein paar Serpentinen zur Nordkuppe des Plateauberges mit dem **Toblacher Kreuz** 02 (2305 m).

Der Abstieg führt über den vom Krieg gezeichneten Rücken sanft abwärts in die offene Senke der **Forcella di Castrati** 03 (2272 m). Hier rechts und über Kehren hinunter zu einer tiefen Schuttreiße. Man quert sie, dabei kurz über eine Treppe ansteigend. Dahinter zunehmend steiler an der bewaldeten Flanke bergab zum Rand des weiten **Geröllbodens (Abzweig)** 04 von Schluderbach. Nun rechts am Bergfuß entlang in lichtem Wald zum Dürrensee (1403 m) und an seinem Ostufer zurück zum **Wanderparkplatz** 01 am Eingang des Rienztals.

Ein Überbleibsel des Ersten Weltkriegs: der „Pionierweg".

PALE DI MISURINA

Aussichtsreiche Höhen über dem Misurinasee

8 km | 3:30 h | 580 hm | 580 hm | 57

START | Misurina (1752 m) am gleichnamigen See; Anfahrt von Toblach bzw. Cortina d'Ampezzo (Bushalt).
[GPS: UTM Zone 33 x: 289.480 m y: 5.162.420 m]
CHARAKTER | Hübsche Halbtagswanderung auf markierten, teilweise etwas rauen Wegen.

Manchmal liegen auch in den Dolomiten Trubel und Stille ganz nahe beieinander – etwa in den Pale di Misurina. Während sich am Misurinasee die Ausflügler gegenseitig auf die Zehen steigen, Drei Zinnen, Cadini und vor allem der Sorapìs als Kulissenberge fürs Erinnerungsfoto herhalten müssen, ist man oben an dem schartigen Felskamm meistens allein. Da stört niemand die herrliche Aussicht, Tiefblicke auf das umschwärmte Gewässer inklusive, und bei der Schleife durch das obere Val Popena Auta wird es dann ganz ruhig: keine Motorengeräusche mehr im Ohr, dafür die grandiose Kulisse des Cristallo-Massivs vor Augen.

▶ Der Weg zu den Pale di Misurina startet in **Misurina** 01 (1752 m) etwa 100 m nördlich vom Hotel Lavaredo; er gewinnt an dem teilweise bewaldeten Hang rasch an Höhe. Über ein paar Schleifen kommt man zu einer Gabelung (etwa 2000 m); hier links in sanftem Anstieg unter dem Zackengrat der Pale di Misurina bis zu der mächtigen Geröllreiße, die von

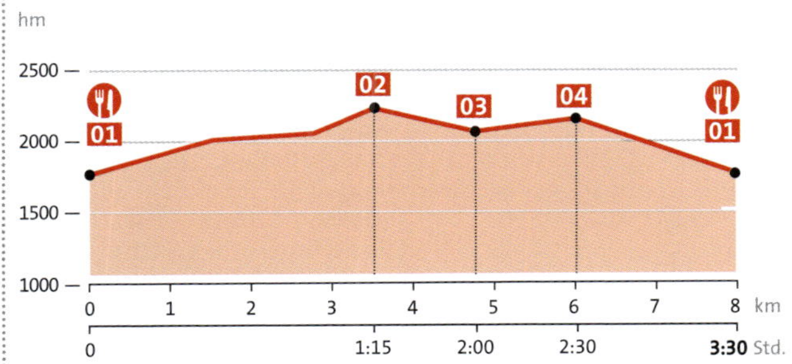

01 Misurina, 1752 m; 02 Forcella de Popena, 2214 m; 03 Val Popena Auta, 2050 m; 04 Pale di Misurina, 2140 m

Piz Popena vom Kamm der Pale di Misurina.

der **Forcella de Popena** 02 (2214 m) herabzieht. Auf dem rutschigen Untergrund (Teleskopstöcke vorteilhaft) geht's steil bergan; zuletzt gewinnt man über Stiegen und eine Holzbrücke die Höhe der Scharte mit der Ruine des Rifugio Popena. Großartig der Blick auf die Südostflanke des Cristallo-Massivs, in dem einige bizarre Felszähne stehen, überragt von dem massigen Turm des Piz Pope-

Guglia De Amicis

In den Pale di Misurina stehen einige besonders bizarr gebaute Felstürme, allen voran der De-Amicis-Turm. Da er als absolut unersteigbar galt, behalf sich der legendäre Bergführer Tita Piaz („Teufel der Dolomiten") eines besonderen Tricks: Er warf vom benachbarten Campanile di Misurina ein Seil um den Zacken und hangelte sich anschließend hinüber zum Gipfel. Eine Besteigung? Vom Weg zum Misurina-Kamm führen Steigspuren rechts zum Fuß der Guglia De Amicis (Abzweigung mit Steinmann bezeichnet). Benannt ist der Zahn nach dem italienischen Schriftsteller Edmondo De Amicis (1846– 1908), dessen Jugendroman „Cuore" ein echter Bestseller war und in viele Sprachen übersetzt wurde.

na (3152 m). Nicht zu übersehen ist auch der Cristallino di Misurina (2775 m), ein dankbares Tourenziel für trittfeste Bergsteiger (s. S. 45).

Aus der Popena-Scharte geht's hinab in den weiten Boden des **Val Popena Auta** **03** (ca. 2050 m). An der Verzweigung rechts und sanft steigend wieder bergan in eine Gratsenke der **Pale di Misurina** **04** (2140 m). Dahinter auf dem alten Kriegsweg in ein paar Schleifen hinunter zur bereits erwähnten Gabelung (ca. 2000 m) und auf dem Hinweg zurück nach **Misurina** **01**.

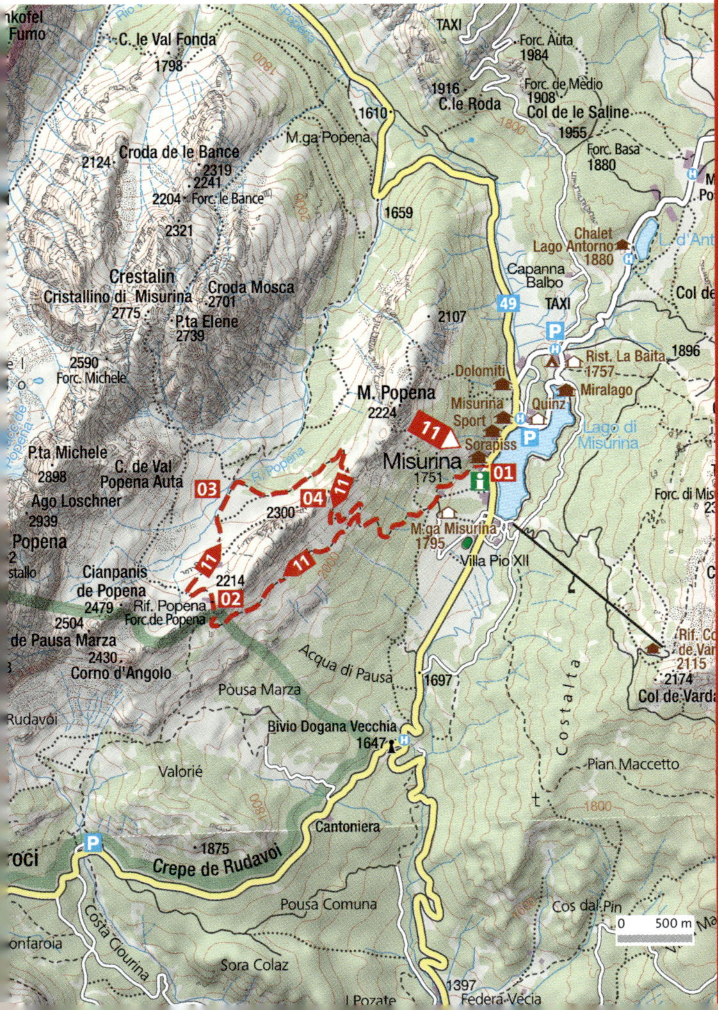

RUND UM DIE DREI ZINNEN

Das berühmteste Profil der Dolomiten

9,5 km | 3:15 h | 370 hm | 370 hm | 58

START | Rifugio Auronzo (2320 m) am Endpunkt der „Drei-Zinnen-Straße“, 8 km von Misurina. Riesenparkplatz, Bushalt. [GPS: UTM Zone 33 x: 292.920 m y: 5.165.520 m]
CHARAKTER | Wenig anstrengende Runde um das weltberühmte Dreigestirn, im Hochsommer allerdings oft Kolonnenwandern bis zur Drei-Zinnen-Hütte. Wer erst am Nachmittag losgeht, hat weniger Gesellschaft unterwegs und kann – mit etwas Glück – das abendliche Farbspektakel an den Nordwänden der Drei Zinnen erleben.

Wer dem steinernen Dreizack nicht gleich aufs Haupt steigen mag (Klettertour!), sollte ihn wenigstens umwandern. Das geht auf gut markierten Wegen ganz leicht und beschert einmalige Eindrücke der Sextener Bergwelt und ihres Vorzeigestücks – und wer nicht bloß Stein ablichten mag, bekommt garantiert ein paar originelle Motive vor die Linse. Der Weg zum Paternsattel ist so etwas wie ein alpiner Mode-Laufsteg: poppig-bunt und kitschig, Loden

Beliebte Familientour: die Runde um die Drei Zinnen. Blick in die Nordwände.

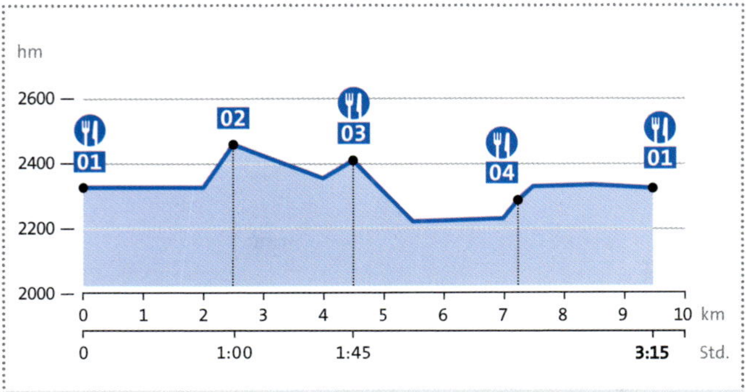

01 Rifugio Auronzo, 2320 m; 02 Paternsattel, 2454 m; 03 Drei-Zinnen-Hütte, 2405 m; 04 Langalm, 2235 m

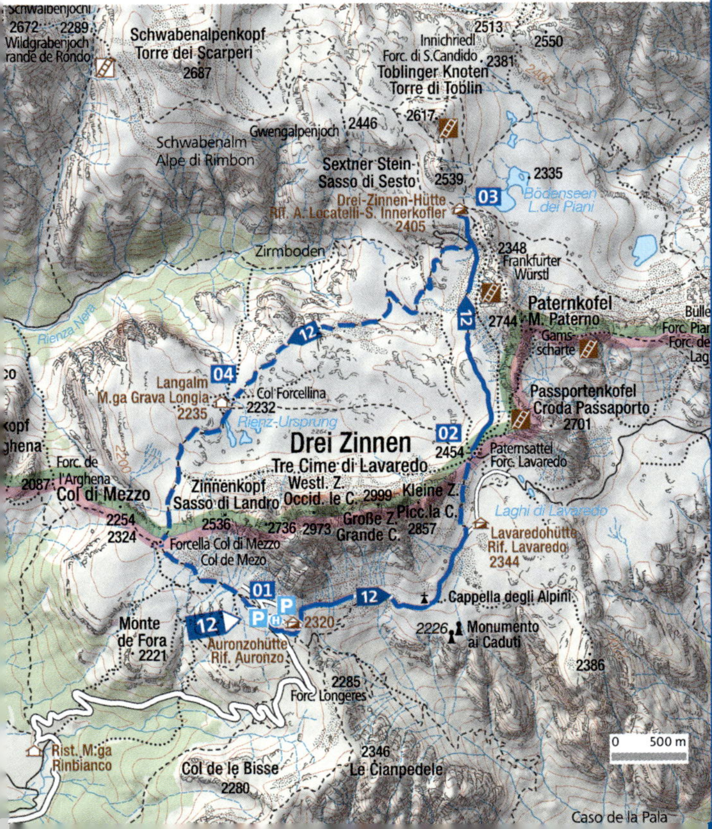

Einkehr vor den Zinnen-Nordwänden: die Langalm. Am Horizont das Rautkofelmassiv.

und Lycra, Jung und Alt. Oben am Sattel gibt's dann den großen Drei-Zinnen-Blick, als Zugabe vielleicht sogar ein paar Kletterer, die hoch im Fels ihre waghalsigen Turnübungen absolvieren.

▶ Vom Großparkplatz beim **Rifugio Auronzo** 01 führt ein ehemaliger Kriegsfahrweg unter den Südwänden der Drei Zinnen – vorbei an der Cappella degli Alpini – hinüber zum Rifugio Lavaredo (2344 m). Er bietet Aussicht übers Ansiei-Tal bis zur einsamen Marmarole-Gruppe; im Süden stehen die bizarren Zacken der Cadini. Oben am **Paternsattel** 02 (2454 m) sind natürlich die Drei Zinnen absoluter Blickfang; am Weiterweg hinüber zur **Drei-Zinnen-Hütte** 03 (2405 m) guckt man gelegentlich auch nach rechts, hinauf in die Westwand des Paternkofels (2744 m). In seinem Nordgrat, unweit des Schutzhauses, steht die verwegene Felsskulptur des „Frankfurter Würstls". Am Toblinger Riedl zeigen sich dann über der Bödenalpe auch ein paar Zeiger der berühmten „Sextener Sonnenuhr": Rotwand, Elfer, Zwölfer, Einser.

Der Weiterweg führt in ein paar Schleifen hinunter zum Rienzboden, dann vor den Nordwänden der Drei Zinnen mit einem längeren Gegenanstieg über die Lange Alm. An den Tümpeln beim Col Forcellina (2232 m, Rienzquelle) vorbei zur **Langalm** 04 (2235 m) und hinauf zu einem Grasrücken, von dem man einen letzten großartigen Blick (Abend!) auf das steinerne Monument genießt.

Hinüber zur Forcela Col de Mezzo (2324 m) und mit Aussicht auf Cadini, Sorapìs und Cristallo zurück zum **Rifugio Auronzo** 01.

PATERNKOFEL • 2744 m

Ein Klettergipfel für jedermann?

9,5 km 4:45 h 550 hm 550 hm 58

START | Rifugio Auronzo (2320 m) am Endpunkt der „Drei-Zinnen-Straße“, 8 km von Misurina. Riesenparkplatz; Bushalt. [GPS: UTM Zone 33 x: 292.920 m y: 5.165.520 m]
CHARAKTER | Mäßig schwieriger Klettersteig, viel begangen. Nur für Bergerfahrene mit entsprechender Ausrüstung (Klettergurt, Ferrata-Set, Helm), für die Galleria Paterna ist eine Lampe notwendig.

Mit einem Namen ist die Geschichte des Paternkofels (2744 m) untrennbar verbunden: Sepp Innerkofler aus der legendären Sextener Bergführerdynastie. Er fiel während des Ersten Weltkriegs (1915) bei dem wagemutigen (und sinnlosen?) Versuch, den von italienischen Alpini besetzten Gipfel fast im Alleingang zu stürmen.Längst herrscht wieder Friede über den Bergen, und wer sich heute zum Paternkofel aufmacht, hat gewiss nur friedliche Absichten. Erleichtert wird die Gipfeltour durch den „De Luca-Innerkofler-Steig“, eine Via Ferrata, die ehemaligen Kriegssteigen folgt, herauf von der Drei-Zinnen-Hütte durch einen finsteren Stollen führt und schließlich von der Gamsscharte aus den Gipfel ansteuert. Ein packendes Erlebnis für Bergerfahrene, die schwindelfrei sind – und die richtige Ausrüstung dabei haben: Klettersteigset und Helm!

▶ Vom Großparkplatz beim **Rifugio Auronzo** 01 führt ein ehe-

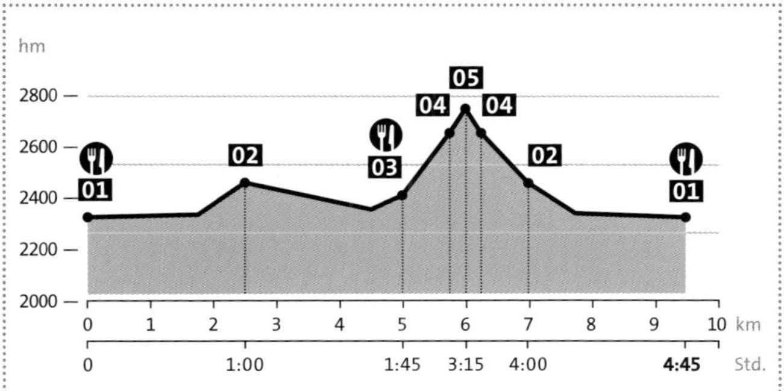

01 Rifugio Auronzo, 2320 m; 02 Paternsattel, 2454 m; 03 Drei-Zinnen-Hütte, 2405 m; 04 Gamsscharte, 2650 m; 05 Paternkofel, 2744 m

Drei-Zinnen-Hütte, Toblinger Knoten und Dreischustermassiv vom Paternkofel.

maliges Kriegssträßchen unter den Südwänden der Drei Zinnen – vorbei an der Cappella degli Alpini – hinüber zum Rifugio Lavaredo (2344 m). Hier links und auf einem rauen Geröllpfad hinauf zum **Paternsattel** **02** (2454 m), wo man einen ersten Blick in die Nordwände der Drei Zinnen genießt. Das Bild begleitet den Wanderer bis hinüber zur **Drei-Zinnen-Hütte** **03** (2405 m) am Toblinger Riedl. Hier weist ein Schild zum „De Luca-Innerkofler-Steig". In wenigen Minuten ist der Eingang zur „Galleria Paterna" erreicht. Der ursprünglich rund 600 Meter lange Stollen führt im Bergesinneren aufwärts; Schießscharten und ein paar Gucklöcher spenden gelegentlich spärliches Licht. Man verlässt das feuchte Loch schließlich zur Nord-

Schartenweg

Die Besteigung des Paternkofels lässt sich leicht um die Schleife über das Büllelejoch (2522 m) erweitern. Man folgt dabei von der Gamsscharte dem markierten und gesicherten „Schartenweg", der am Ostgrat des Paternkofels verläuft und dabei – nomen est omen – mehrere Scharten tangiert. Gehzeit ab Rifugio Auronzo mit Rückweg über das Rifugio Lavaredo etwa 6:30 Std.

ostflanke des Paternkofels. Drahtseile erleichtern den Anstieg auf ein Band, das in die nordseitige Rinne unter der **Gamsscharte** 04 (ca. 2650 m) leitet (hier oft Schneereste). Aus der Scharte, kurz etwas absteigend, rechts zu einer Felswand, die an soliden Sicherungen

durchstiegen wird (doppelte Wegführung wegen „Gegenverkehr“!). Zuletzt auf ausgetretener Spur über den Schrofenhang zum Gipfel des **Paternkofels** **05** (2744 m) mit faszinierender Rundschau.

Zurück bis knapp unter die **Gamsscharte** **04**, dann rechts haltend durch eine Geröllrinne hinunter ins Passportenkar. Die Passportenscharte vermittelt den Überstieg auf die Westseite des Grates, ein alter Kriegssteig leitet flach durch die Sockelfelsen (Galerien). Beim **Paternsattel** **02** (2454 m) reiht man sich ein in den bunten Tatzelwurm und wandert mit ihm zurück zum **Rifugio Auronzo** **01**.

Der untere Eingang zum „Paternstollen“.

Im Anstieg von der „Galleria Paterna“ zur Gamsscharte.

RUND UM DEN PATERNKOFEL

Sextener Schaulaufen

15 km 5:00 h 600 hm 600 hm 58

START | Endpunkt der „Drei-Zinnen-Straße", 8 km von Misurina. Riesenparkplatz, Bushalt.
[GPS: UTM Zone 33 x: 292.920 m y: 5.165.520 m]
CHARAKTER | Wenig anstrengende Wanderrunde auf durchwegs ordentlichen, bestens markierten Wegen; keine lang anhaltenden Steigungen, mehrere Einkehrmöglichkeiten unterwegs. Immer wieder wechselnde Ausblicke mit finaler Schau auf die Drei Zinnen.

Die klassische „Drei-Zinnen-Runde" mit Ausgangspunkt beim Rifugio Auronzo (siehe Tour 12) lässt sich leicht um die Schleife über das Büllelejoch erweitern: noch mehr Aussicht, vor allem auf die mächtigen Dolomitgipfel rund um das Fischleintal, dazu Fernblicke südlich bis zu den einsamen Bergkämmen der Marmarole. Die

Am Weg zur Büllelejochhütte; Rückblick zu den Drei Zinnen und zum Passportenkofel.

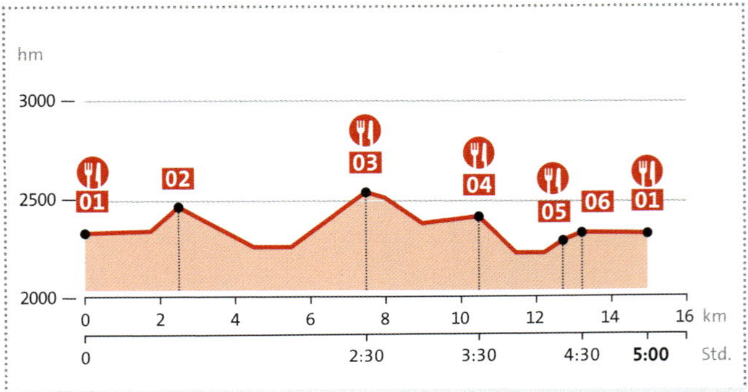

01 Rifugio Auronzo, 2320 m; **02** Paternsattel, 2454 m; **03** Büllelejochhütte, 2528 m; **04** Drei-Zinnen-Hütte, 2405 m; **05** Langalm, 2235 m; **06** Col de Mezzo, 2324 m

Anstrengungen bzw. Höhenunterschiede halten sich in Grenzen, und am Wendepunkt der Runde steht freundlicherweise eine gemütliche Hütte.

▶ Vom **Rifugio Auronzo** 01 (2320 m) führt ein altes Kriegssträßchen unter den Südwänden der Drei Zinnen – vorbei an der Cappella degli Alpini – hinüber zum Rifugio Lavaredo. Wer einen ersten fantastischen Blick in die Nordwände der „Drei" genießen will, lässt die Hütte rechts liegen und steigt mit dem Gros der Ausflügler hinauf in den **Paternsattel** 02 (2454 m). Bei den winzigen Lavaredo-Seen trifft man wieder auf den unteren Weg. Die breite Mulattiera steigt unter dem Passportenkofel (2701 m) etwas ab und quert dann das Geröll- und Wiesenplateau des Pian di Cengia. Dabei bietet sich freie Sicht auf das Massiv der Marmarole; über dem felsigen Vorbau des Monte Cengia steht im Osten massig-breit der Zwölferkofel (3094 m). Vorbei an den seichten Laghi di Cengia (2324 m; Murmeltiere) geht's dann hinauf zur **Büllelejochhütte** 03 (2528 m).

Der Weiterweg führt auf ausgesprengtem Weg um ein felsiges

Eck herum zum Kamm und kurz abwärts ins Büllelejoch (2522 m). Aus der Scharte nordseitig auf deutlicher Geröllspur bergab und in längerer Querung oberhalb der Bödenseen – zuletzt wieder ansteigend – zur **Drei-Zinnen-Hütte** 04 (2405 m) mit berühmten Drei-Zinnen-Blick.

Von dem stattlichen Haus am Toblinger Riedl führt der Weiterweg über ein paar Schleifen hinunter zum Rienzboden, dann vor den Nordwänden der Drei Zinnen mit einer längeren Gegensteigung quer über die steinige Lange Alm. Vorbei an den Tümpeln beim Col Forcellina (2232 m) und der **Langalm** 05 (2235 m). An dem Grasrücken wenig oberhalb bietet sich ein letzter großartiger Blick (Abend!) auf das steinerne Monument. Zuletzt auf ausgetretener Geröllspur hinüber zur **Forcela Col de Mezzo** 06 (2324 m) und mit Aussicht auf Cadini, Sorapìs und Cristallo zurück zum **Rifugio Auronzo** 01 am Endpunkt der „Drei-Zinnen-Straße".

Klein, aber fein: die Büllelejochhütte.

TOBLINGER KNOTEN • 2617 m

Auf den Spuren des Krieges

12,5 km 4:30 h 600 hm 600 hm 58

START | Rifugio Auronzo (2320 m) am Endpunkt der „Drei-Zinnen-Straße“, 8 km von Misurina. Riesenparkplatz, Bushalt. [GPS: UTM Zone 33 x: 292.920 m y: 5.165.520 m]
CHARAKTER | Rekonstruierte Kriegssteige; Aufstieg über 17 Leitern teilweise sehr ausgesetzt. Nur mit Klettersteig-Ausrüstung und Helm! Wanderer können den Felsstummel des Toblinger Knotens auf guten Wegen umrunden – ebenfalls lohnend.

Einer Felsenburg ähnlich ragt der Toblinger Knoten nordwestlich der Drei-Zinnen-Hütte in den blauen Himmel, gerade 200 m hoch, aber völlig freistehend – ein idealer Ausguck. Das entging natürlich auch den Militärs nicht, und so wurde der frontnahe „Knoten“ im Ersten Weltkrieg befestigt. Durch seine nordseitigen Kamine verlief ein kühn angelegter Leiternsteig, von dem einige Überbleibsel noch zu sehen sind. Ende der 1970er Jahre rekonstruierten die „Dolomitenfreunde“ diese Route, wobei das morsche Holz durch solide Eisenleitern ersetzt wurde. In Verbindung mit dem ebenfalls gesicherten „Feldkurat-Hosp-Steig“ ergibt sich so eine spannende Überschreitung des Felszackens. Und oben bestätigt sich wieder einmal die alte Bergsteigerweisheit, dass kleine Berge oft eine ganz besonders schöne Aussicht vermitteln…

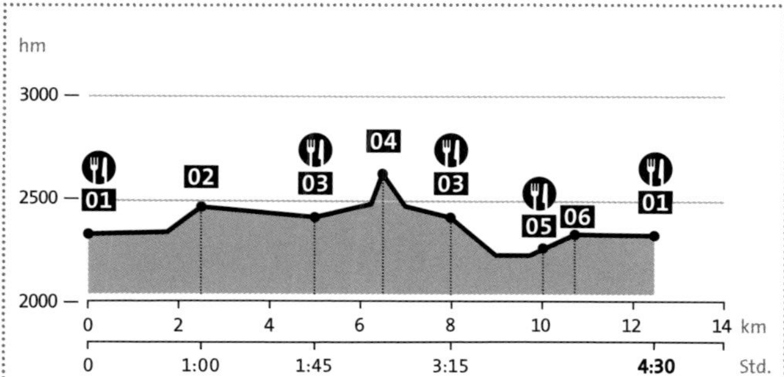

01 Rif. Auronzo, 2320 m; 02 Paternsattel, 2454 m; 03 Drei-Zinnen-Hütte, 2405 m; 04 Toblinger Knoten, 2617 m; 05 Langalm, 2235; 06 Forcella Col de Mezzo, 2324 m

An den steilen Leitern des Toblinger Knotens.

▶ Vom Großparkplatz beim **Rifugio Auronzo** 01 führt ein ehemaliges Kriegssträßchen unter den Südwänden der Drei Zinnen – vorbei an der Cappella degli Alpini – hinüber zum Rifugio Lavaredo (2344 m). Hier links und auf einem rauen Geröllpfad hinauf zum **Paternsattel** 02 (2454 m), wo man einen ersten Blick in die Nordwände der Drei Zinnen genießt. Das Bild begleitet den Wanderer bis hinüber zur **Drei-Zinnen-Hütte** 03 (2405 m) am Toblinger Riedl.

Nun auf markiertem Weg links um den Sextnerstein (2539 m) herum und ansteigend zu einem Wiesenrücken (2457 m) westlich unter dem Toblinger Knoten. Eine Wegspur führt unter dem Felsfuß nach links (rechts ausgeräumte ehemalige Stellungen), dann um ein Eck herum auf ein Horizontalband (2530 m). Die steile Einstiegswand ist nur mit einem Drahtseil gesichert, der Fels liefert aber gute Tritte und Griffe. Die Sicherungen leiten links in den tiefen, senkrechten Nordkamin, wo die spektakuläre Leiternserie startet. Stufe um Stufe steigt man höher, wobei man sich zwei-, dreimal ordentlich verrenken muss, um die nächste Sprossenfolge zu erreichen. Unter der Scharte zwischen den beiden Gipfelkuppen leiten Drahtseile links hinaus zur zweiten, kürzeren Leiternserie, der man auf den **Toblinger Knoten** 04 (2617 m) entsteigt.

Abstieg: Drahtseile sichern den ostseitigen Abstieg, der in gestuftem Felsgelände verläuft. Dabei kommt man an der (rekonstruierten) „Adler-Feldwache“, einer sehr exponierten k. u. k.-Stellung, vorbei. Der „Feldkurat-Hosp-Steig“ mündet schließlich auf einen Schrofenhang; auf einem schmalen Pfad wandert man hinunter zur **Drei-Zinnen-Hütte** 03 (2405 m).

Von dem stattlichen Haus am Toblinger Riedl führt der Weiterweg über ein paar Schleifen hinunter zum Rienzboden, dann vor den Nordwänden der Drei Zinnen mit einem längeren Gegenanstieg

quer über die steinige Lange Alm. Vorbei an den Tümpeln beim Col Forcellina (2232 m) und der **Langalm** **05** (2283 m). An dem Grasrücken wenig oberhalb bietet sich ein letzter großartiger Blick (Abend!) auf das steinerne Monument. Zuletzt auf ausgetretener Geröllspur hinüber zur **Forcela Col de Mezzo** **06** (2324 m) und mit Aussicht auf Cadini, Sorapìs und Cristallo zurück zum **Rifugio Auronzo** **01** am Endpunkt der „Drei-Zinnen-Straße".

Unterwegs am „Leiternsteig".

RIFUGIO FONDA SAVIO • 2367 m

Hüttenwanderung über dem Misurina-See

8 km | 3:00 h | 610 hm | 610 hm | 58

START | Camping Misurina (1757 m) unweit der „Drei-Zinnen-Straße"; Zufahrt vom Misurinasee (Bushalt). [GPS: UTM Zone 33 x: 289.690 m y: 5.162.980 m]
CHARAKTER | Landschaftlich reizvoller Hüttenweg, zum Schluss hin ganz harmlose Felsstufe. Fantastische Felskulisse!

Einziger Stützpunkt innerhalb der Cadini-Gruppe ist das Rifugio Fonda Savio (2367 m) am Passo dei Toce – ein dankbares Wanderziel, durchaus geeignet, einen Eindruck von dem faszinierenden Formenreichtum der „Mini-Dolomiten" über dem Misurinasee zu vermitteln. Und wem das noch nicht reicht, der kann die Tour ja über den „Sentiero Bonacossa" (siehe Tour 18) fortsetzen oder den interessanten „Sentiero Durissini" (s. Tour 19) anhängen.

▶ Vom **Camping Misurina** 01 (1757 m) folgt man der viel befahrenen „Drei-Zinnen-Straße" über die ersten beiden Serpentinen (lassen sich abkürzen) bis zur Abzweigung eines schmalen Fahrweges (Schild „Fonda Savio"). Er führt rechts im Wald zum **Pian dei Spirite** 02 (1896 m). Bei Tageslicht wird man hier kaum auf (Berg-)Geister stoßen, eher auf den Hüttenwirt, der gerade seine Materialseilbahn belädt. Der Weg steigt in ein paar Schleifen, eine markante Geländestufe überwindend, durch das Toce-Kar an. Zur Linken baut sich der zerklüftete und im Torre Wundt (2517 m) kulminierende Felsgrat auf, im Talhintergrund taucht die Schutzhütte auf. Nun am linken

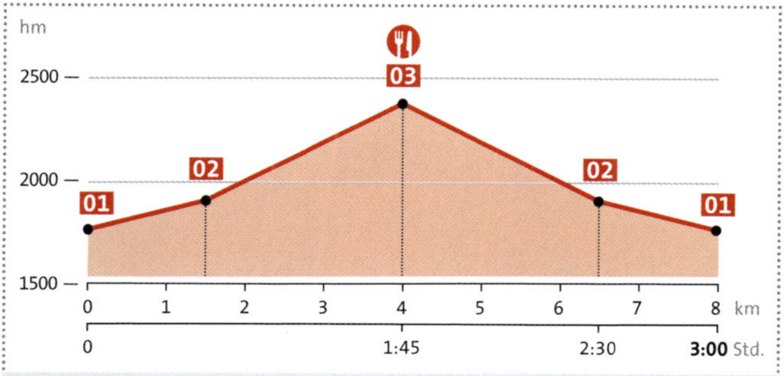

01 Camping Misurina, 1757 m; 02 Pian dei Spirite, 1896 m; 03 Rifugio Fonda Savio, 2367 m

Beliebte Einkehr: das Rifugio Fonda Savio in den Cadini di Misurina.

Rand des Ciadin dei Toce weiter bergan, zuletzt über eine kleine Felsstufe (Sicherungen).

Von der Sonnenterrasse des **Rifugio Fonda Savio** 03 (2367 m) genießt man einen packenden Blick auf die bizarre Felskulisse des Schneekars (Ciadin del Nevaio) mit dem höchsten Cadini-Berg, der Cima Cadin di San Lucano (2839 m). Die absolute Gipfelprominenz steht allerdings im Norden: die Drei Zinnen (2999 m), diesmal aus einem weniger vertrauten Blickwinkel. Ihnen schließen sich nach rechts weitere bekannte Zacken der Sextener Dolomiten an: Paternkofel (2744 m), Sextener Rotwand (2965 m), Elfer (3092 m), Zwölferkofel (3094 m).

Abstieg: Über den Anstiegsweg.

VIA FERRATA MERLONE

Feuerwehrleitern an der Nordöstlichen Cadinspitze

11 km | 5:00 h | 1030 hm | 1030 hm | 58

START | Camping Misurina (1757 m) unweit der „Drei-Zinnen-Straße"; Zufahrt vom Misurinasee (Bushalt). [GPS: UTM Zone 33 x: 289.690 m y: 5.162.980 m]
CHARAKTER | Sehr „eisenhaltiger" Klettersteig mit langen Leitern; erhebliche Steinschlaggefahr durch Voraus- bzw. Nachsteigende. Nur mit Selbstsicherung (Klettersteig-Set) und Helm begehen!

Die Cima Cadin di Nord-Est, die Nordöstliche Cadinspitze (2788 m), ist ein dankbares Tourenziel, keine Frage; über den „Gipfelweg" kann man allerdings geteilter Meinung sein. Was die einen als willkommene und angenehme Steighilfe empfinden, löst bei anderen entschiedene Ablehnung aus: Übererschließung – Verschandelung der Berge gar? Technisch ist der Aufstieg über die rund 300 Leitersprossen wenig schwierig; wenn mehrere Partien unterwegs sind, muss man allerdings – bedingt durch die wenig günstige Trassierung – mit gefährlichem „Beschuss" von oben rechnen. Und so etwas kann die Freude an der lohnenden Unternehmung schon etwas trüben. Schade, genießt man vom Gipfel doch eine bezaubernde Umschau, ein 3-D-Bild von ganz ungewöhnlicher Schönheit, mit viel Dolomitenprominenz am Zackenhorizont, angeführt von den Drei Zinnen, den hundert Türmen und Türmchen der Cadini rundum und der Fonda-Savio-Hütte tief drunten am Passo dei Toce.

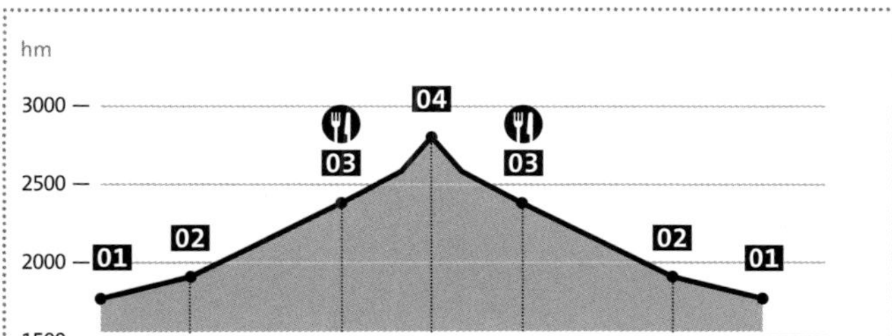

01 Camping Misurina, 1757 m; 02 Pian dei Spirite, 1896 m; 03 Rifugio Fonda Savio, 2367 m; 04 Nordöstliche Cadinspitze, 2788 m

Vom **Camping Misurina** 01 (1757 m) folgt man der viel befahrenen „Drei-Zinnen-Straße" über die ersten beiden Serpentinen (lassen sich abkürzen) bis zur Abzweigung eines schmalen Fahrweges (Schild „Fonda Savio"). Er führt rechts im Wald zum **Pian dei Spirite** 02 (1896 m). Bei Tageslicht wird man hier kaum auf (Berg-)Geister stoßen, eher auf den Hüttenwirt, der gerade seine Materialseilbahn belädt. Der Weg steigt in ein paar Schleifen, eine markante Geländestufe überwindend, durch das Toce-Kar an. Zuletzt über eine kleine Felsstufe (Sicherungen) hinauf zum prächtig gelegenen **Rifugio Fonda Savio** 03 (2367 m).

Von der Hütte folgt man der Geröllspur, die südlich über den Felssockel der Nordwestlichen Cadinspitze ins Schneekar (Ciadin del Nevaio) führt. Das Kar hat seinen Namen zu Recht; immerhin liegt unter dem Schutt ein winziger Gletscherrest. Man quert das harmlose Eis nach links zum Einstieg am Felsfuß (Pfeile). Drahtseile entschärfen den gestuften Vorbau, die erste Leiternserie führt sehr steil über den unteren Wandteil. Den Fixseilen folgend zur zweiten, etwas weniger luftigen Sprossenfolge. Sie mündet auf eine Geröllschulter. Nun ganz vorsichtig (keine Steine lostreten!) zu einer harmlosen Rinne und durch sie auf den schmalen Gipfelgrat der **Nordöstlichen Cadinspitze** 04 (2788 m).

Abstieg: Nur über den Klettersteig!

Ein Wald aus Stein: die Cadinispitzen. Rechts der Klettersteiggipfel Cima Cadin di Nord-Est.

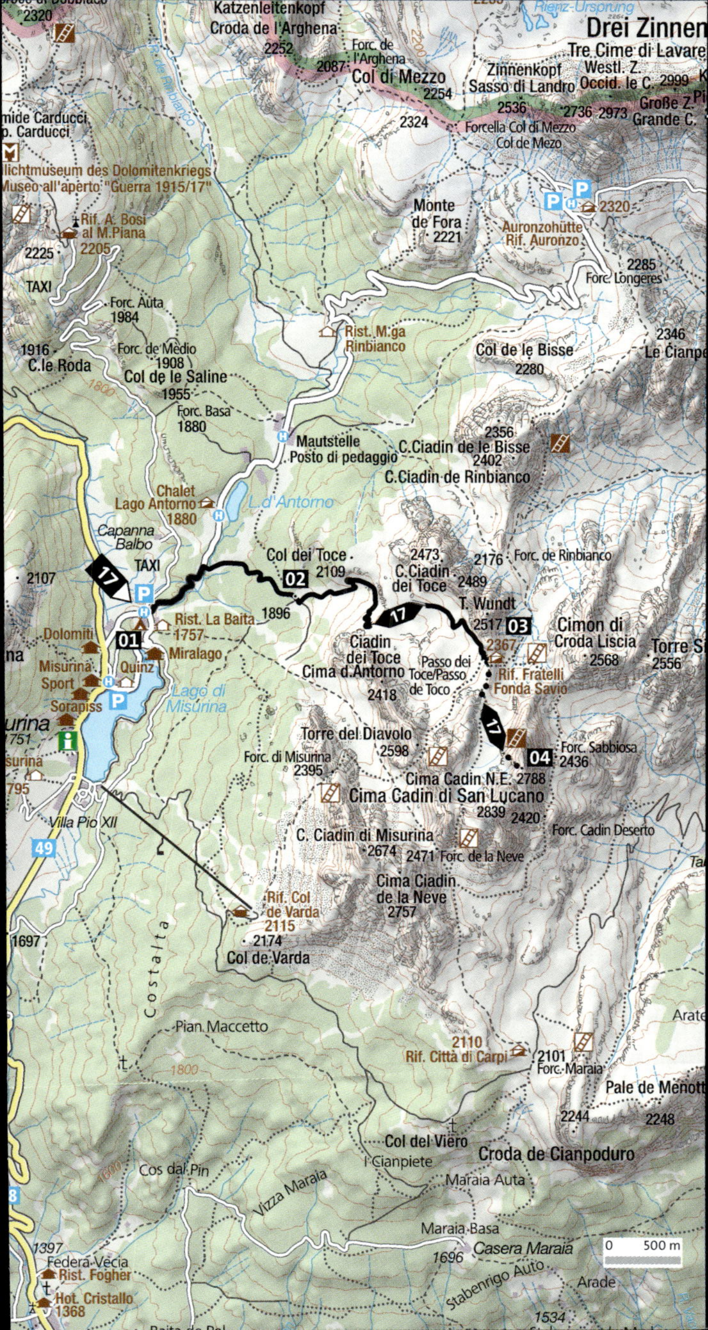
Katzenleitenkopf
Croda de l'Arghena
2252
2320
2087
Forc. de l'Arghena
Col di Mezzo
2254
2200
Rienz-Ursprung
Drei Zinnen
Tre Cime di Lavare
Zinnenkopf
Sasso di Landro
Westl. Z.
Occid. le C.
2999
Große Z.
Grande C.
2536
2736
2973
2324
Forcella Col di Mezzo
Col de Mezo
R. de Rinbianco
mide Carducci
p. Carducci
lichtmuseum des Dolomitenkriegs
Museo all'aperto "Guerra 1915/17"
Rif. A. Bosi
al M.Piana
2205
2225
TAXI
Monte de Fora
2221
P
2320
Auronzohütte
Rif. Auronzo
2285
Forc. Longeres
Forc. Auta
1984
Rist. M.ga Rinbianco
1916
C.le Roda
Forc. de Medio
1908
Col de le Saline
1955
1800
Forc. Basa
1880
Col de le Bisse
2280
2346
Le Cianpe
Mautstelle
Posto di pedaggio
2356
C.Ciadin de le Bisse
2402
C.Ciadin de Rinbianco
Chalet
Lago Antorno
1880
L.d'Antorno
Capanna Balbo
TAXI
17
2107
Col dei Toce
02
2109
2473
C.Ciadin dei Toce
2489
2176
Forc. de Rinbianco
1896
17
T. Wundt
2517
03
Cimon di Croda Liscia
2568
Torre Si
2556
Rist. La Baita
1757
01
Dolomiti
Miralago
Quinz
Misurina Sport
Sorapiss
Ciadin dei Toce
Cima d.Antorno
2418
Passo dei Toce/Passo de Toco
2367
Rif. Fratelli Fonda Savio
Lago di Misurina
urina
1751
surina
795
17
Torre del Diavolo
2598
Forc. di Misurina
2395
Forc. Sabbiosa
04
2436
Cima Cadin N.E.
2788
Cima Cadin di San Lucano
2839
2420
Forc. Cadin Deserto
Villa Pio XII
49
C. Ciadin di Misurina
2674
2471
Forc. de la Neve
Cima Ciadin de la Neve
2757
Rif. Col de Varda
2115
1697
2174
Col de Varda
Costalta
Arate
Pian Maccetto
1800
2110
Rif. Città di Carpi
2101
Forc. Maraia
Pale de Menott
2244
2248
Col del Viero
Croda de Cianpoduro
l Cianpiete
Maraia Auta
Cos dal Pin
1600
Vizza Maraia
Maraia Basa
Casera Maraia
1696
0
500 m
1397
Federa Vecia
Rist. Fogher
Hot. Cristallo
1368
Stabenrigo Auto
Arade
1534

DER SENTIERO BONACOSSA

Drei-Sterne-Tour in den Cadini

13 km | 6:45 h | 550 hm | 930 hm | 58

START | Col de Varda (2115 m), Bergstation des von Misurina ausgehenden Sessellifts. Anfahrt von Toblach (Buslinie), großer Parkplatz.
[GPS: UTM Zone 33 x: 290.550 m y: 5.161.100 m]
CHARAKTER | Raue, aber spannende und landschaftlich einmalige Durchquerung der Cadinigruppe mit viel Auf und Ab sowie einigen gesicherten Passagen. Nur für erfahrene Bergwanderer! Mehrere markierte Zwischenabstiege zum Misurinasee.

Die Drei Zinnen kennt (fast) jede/r, am Paternsattel geht es oft zu wie am Stachus in München, und ein Bild der „Sextener Sonnenuhr“ schmückt jeden Dolomitenkalender. Da sind die Cadinispitzen ganz im Südwesten der Sextener Dolomiten eher (steinerne) Randfiguren. Das macht überhaupt nichts, den Wanderer freut's, wenn nicht gar so viele auf seiner Route unterwegs sind. Und die verdient in diesem Fall locker ihre drei Sternchen! Denn der „Sentiero Bonacossa“ quert den vielgipflig-bizarren Zackenwald der Cadini, läuft von Scharte zu Scharte und vermittelt so immer wieder neue, faszinierende Bilder. Das fulminante Schlussbild liefern die „Drei“ dann persönlich – wow!

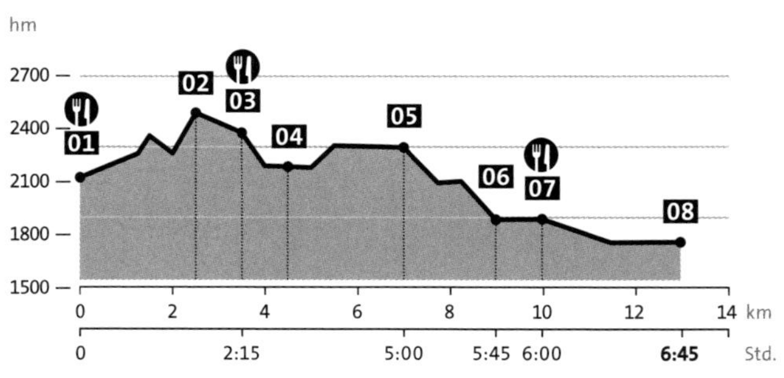

01 Col de Varda, 2115 m; 02 Forcella del Diavolo, 2480 m; 03 Rifugio Fonda Savio, 2367 m; 04 Forcella de Rinbianco, 2176 m; 05 Forcella Longeres, 2285 m; 06 Pian de Rinbianco, 1877 m; 07 Lago d'Antorno, 1866 m; 08 Misurinasee, 1751 m

Am „Sentiero Bonacossa", Blick durch das Schneekar zur Forcella de la Neve.

▶ Die große Cadini-Tour startet bei der Liftstation **Col de Varda** 01 (2115 m). Auf deutlicher Wegspur über die Grave di Misurina bergan, dann durch eine sandige Rinne (Stufen, Drahtseile) recht steil in die Forcella di Misurina (ca. 2395 m). Dahinter über Schrofen und Geröll abwärts, um ein felsiges Eck herum und ins Schneekar (Ciadin de la Neve).

Der „Sentiero Bonacossa" kreuzt den von Misurina heraufkommenden Weg und steigt in steilem Zickzack an gegen die zwischen Torre del Diavolo und Nordwestlicher Cadinspitze eingelagerte Rinne. Ein Felsriegel wird mit Hilfe solider Sicherungen (Drahtseile, Leitern) leicht überwunden, anschließend leitet die Spur dann in die **Forcella del Diavolo** 02 (2480 m). Jenseits der Scharte im Geröll abwärts in den schattigen Karwinkel (Schnee bis in den Hochsommer), unter der Westwand der Cima Cadin Nord-Ovest (2726 m) hindurch und über eine harmlose Felsstufe hinauf zum **Rifugio Fonda Savio** 03 (2367 m) in schöner Lage am Passo dei Toce. Hinter dem gastlichen Haus führt der Höhenweg über eine steile Felsrampe (Drahtseile) hinunter in den innersten Karboden des Val de le Cianpedele, wo der „Durissini-Steig" (siehe Tour 19) abzweigt. Talauswärts und flach in die **Forcella de Rinbianco** 04 (2176 m). Aus der Senke kann man links zum Misurinasee absteigen; die Fortsetzung des „Bonacossa-Weges" steuert – kurz absteigend – ein markantes, recht ausgesetztes Horizontalband im Ostabsturz der Cima Ciadin de Rinbianco (2402 m) an. Es mündet in eine steile, überdachte Verschneidung. Mit Hilfe von Leitern und Drahtseilen gut fünfzig Meter hinauf, dann nach rechts über einen Schrofenhang auf ein Geröllband. Es quert ein paar Felswinkel und mündet schließlich auf den Kamm, wo man ganz unvermittelt die Drei

Leiter am Aufstieg zur Forcella del Diavolo.

Zinnen vor sich hat. Einzusehen ist auch der Weiterweg; er folgt mit leichtem Auf und Ab alten Kriegssteigen am Cianpedele-Rücken. Einen etwa 25 m langen Stollen kann man dabei links umgehen. Von der flachen Senke der **Forcella Longeres** **05** (2285 m) steigt man links (weglos, aber leicht) ab zur „Drei-Zinnen-Straße." Man folgt ihr bis in die nächste markante Kehre (2167 m), verlässt sie dann nach links. Auf schönem Weg mit einer kleinen Gegensteigung unter den Felsen des Col de le Bisse (2280 m) hindurch und in lichtem Wald hinunter in den **Pian de Rinbianco** **06** (1877 m). Eine Sandpiste führt flach zur nahen „Drei-Zinnen-Straße", der man – vorbei am idyllischen **Lago d'Antorno** **07** (1866 m) – bis zum Camping Misurina folgt. Hier links zum Albergo Miralago und auf dem hübsch angelegten Spazierweg am Ostufer des Misurinasees zurück zur **Talstation** **08** des Col-de-Varda-Sessellifts.

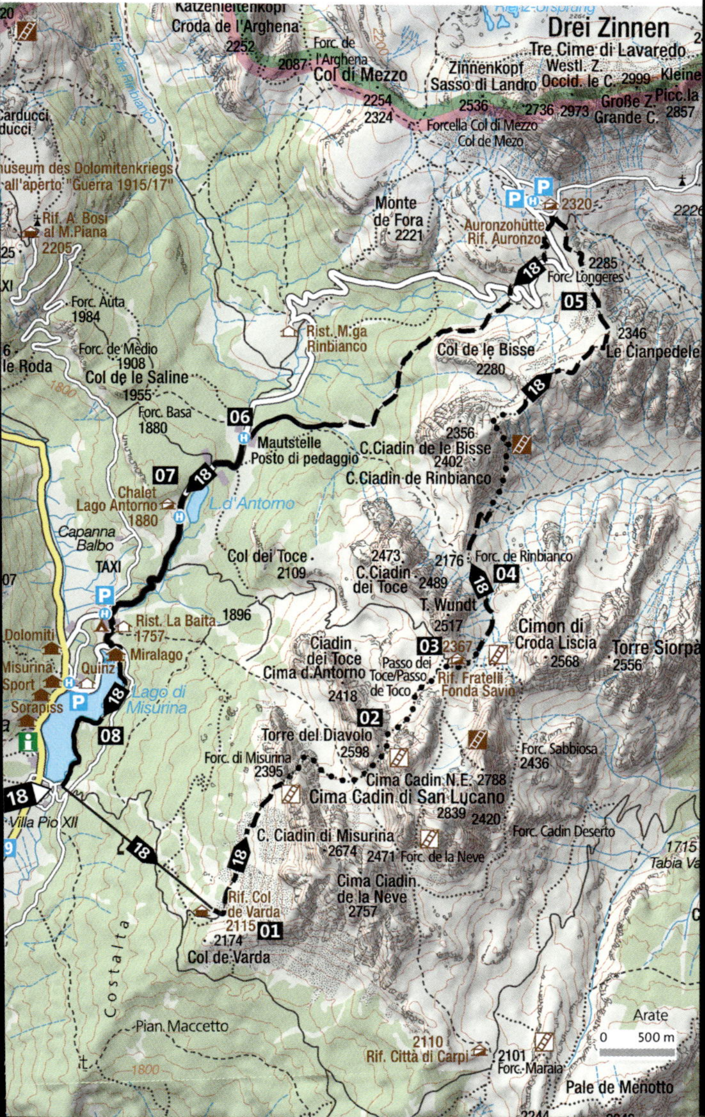

DER SENTIERO DURISSINI

„Schartenhüpfen“ in den Cadini

13 km 7:00 h 850 hm 1210 hm 58

START | Col de Varda (2115 m), Bergstation des von Misurina ausgehenden Sessellifts. Anfahrt von Toblach (Buslinie), großer Parkplatz.
[GPS: UTM Zone 33 x: 290.550 m y: 5.161.100 m]
CHARAKTER | Sehr abwechslungsreiche Runde im Süden der Cadinigruppe. Bergerfahrung und ein sicherer Tritt sind unerlässlich, mehrere kürzere Passagen sind gesichert (Drahtseile, Leitern).

Diese Runde im Südteil der Cadinigruppe bildet eine dankbare Alternative zur Durchquerung von Süd nach Nord. Bis zum Rifugio Fonda Savio benützt man ebenfalls den „Sentiero Bonacossa“, doch dann dreht die Route nach Osten ab. Der originell angelegte „Sentiero Durissini“ läuft am Ostrand des Zackenwaldes über ein paar weitere Scharten und endet schließlich beim Rifugio Città di Carpi (2130 m), das sich einer prächtigen Terrassenlage knapp oberhalb der Forcella Maraia erfreut. Sehr viel Aussicht – auf Sorapìs, Antelao und Marmarole, zuletzt auch zum Cristallostock und über den Tre-Croci-Pass bis zur Marmolada – begleitet den Wanderer dann auf dem Rückweg hinunter zum Misurinasee. Eine tolle Runde!

Von der Liftstation **Col de Varda** 01 (2115 m) auf deutlicher Wegspur über die Grave di Mi-

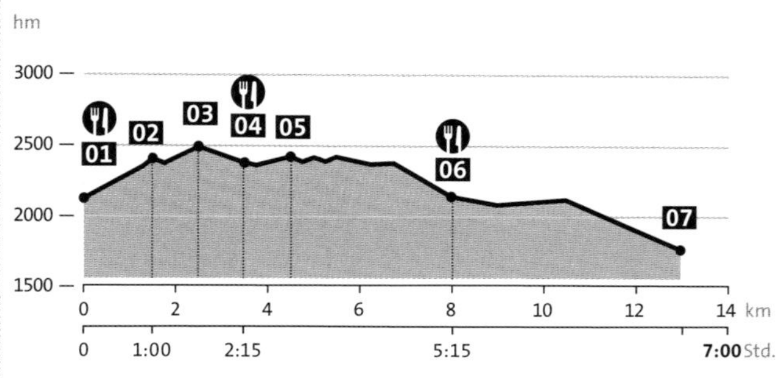

01 Col de Varda, 2115 m; 02 Forcella di Misurina, 2395 m; 03 Forcella del Diavolo, 2480 m; 04 Rifugio Fonda Savio, 2367 m; 05 Forcella della Torre, 2410 m; 06 Rifugio Città di Carpi, 2110 m; 07 Misurinasee, 1751 m

surina bergan, dann durch eine sandige Rinne (Stufen, Drahtseile) recht steil in die **Forcella di Misurina** 02 (ca. 2395 m). Dahinter über Schrofen und Geröll abwärts, um ein felsiges Eck herum und ins Schneekar (Ciadin de la Neve).

Der „Sentiero Bonacossa" kreuzt den von Misurina heraufkommenden Weg und steigt in steilem Zickzack an gegen die zwischen Torre del Diavolo und Nordöstlicher Cadinspitze eingelagerte Rinne. Ein Felsriegel wird mit Hilfe solider Sicherungen (Drahtseile, Leitern) leicht überwunden, anschließend leitet die Spur dann in die **Forcella del Diavolo** 03 (2480 m). Jenseits der Scharte im Geröll abwärts in den schattigen Karwinkel (Schnee bis in den Hochsommer), unter der Westwand der Cima Cadin Nord-Ovest (2726 m) hindurch und über eine harmlose Felsstufe hinauf zum **Rifugio Fonda Savio** 04 (2367 m) in schöner Lage am Passo dei Toce.

Hinter der Hütte geht's über eine mit Drahtseilen gesicherte Felsstufe hinab in den innersten Karwinkel des Val de le Cianpedele, wo der „Sentiero Durissini" rechts abzweigt. Er quert unter Felsen und steigt dann in Kehren an zur **Forcella della Torre** 05 (2410 m). Jenseits der Scharte in Serpentinen bergab ins „Verlorene Kar" (Cadin Deserto) und nach kurzer Hangquerung gleich wieder im Zickzack hinauf (Sicherungen) in die Forcella Sabbiosa (2436 m). Hier hat man bereits die Forcella Cadin Deserto (2420 m) im Blick. Ab- und gleich wieder ansteigend leitet der „Sentiero Durissini" in diese nächste Scharte. Dahinter am Fuß einer senkrechten

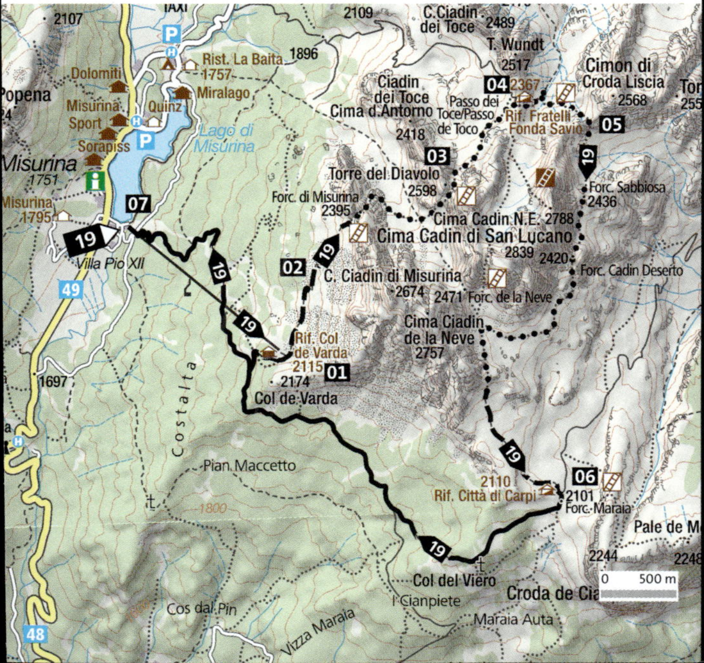

Wand im Geröll abwärts, dann in kurzem Gegenanstieg zu einer Geländeschulter in wildromantischer Kulisse. Links am Felsdurchschlupf der Forcella Cristina vorbei und in weitem Bogen unter den Wänden der Cima Eötvös (2825 m) in den mit Bergsturztrümmern übersäten Boden des Ciadin de le Pere. Kurz bergan in die Selletta Alta di Maraia am Ostfuß der Cima Alta di Maraia (2675 m) und anschließend über karge Almwiesen zum **Rifugio Città di Carpi** **06**.

Der Abstieg führt mit etwas „verlorener Höhe“ westlich hinüber gegen den Col de Varda. Die Liftstation bleibt rechts oberhalb; auf einer Schotterpiste wandert man im Wald hinunter zum **Misurinasee** **07**.

Zickzackspur an der Forcella della Torre. Im Hintergrund die Drei Zinnen.

RIFUGIO CITTÀ DI CARPI • 2110 m

Ein Höhenspaziergang vor dem Sorapis

9 km | 3:00 h | 260 hm | 640 hm | 58

START | Col de Varda (2115 m), Bergstation des von Misurina ausgehenden Sessellifts. Anfahrt von Toblach (Buslinie), großer Parkplatz.
[GPS: UTM Zone 33 x: 290.550 m y: 5.161.100 m]
CHARAKTER | Wenig anstrengende Höhenwanderung auf teilweise stark geschotterten (Fahr-)Wegen. Tolle Aussicht auf die Bergketten um das Val d'Ansiei (Sorapiš, Marmarole).

Große Mühen erwarten den Wanderer nicht auf dieser Tour; den „Aufstieg" zum Col de Varda (2115 m) übernimmt der Sessellift, und auf dem Hin- und Rückweg stehen lediglich je knapp 200 Höhenmeter an – ein Genusspensum. Dafür gibt's viel Aussicht, am Hinweg vor allem auf den Südosten der Dolomiten, auf die wuchtige Felsbastion des Sorapis, zum Antelo und auf die hohen, einsamen Grate der Marmarole; am Rückweg ist dann der Cristallo Blickfang. Und links des mächtigen Dreitausenders, über der bewaldeten Senke des Passo Tre Croci, zeigt sich sogar die Marmolada mit ihrem Firnschild.

▶ Von der Liftstation am **Col de Varda** 01 (2115 m) geht's zunächst bergab; man umrundet dabei die felsige Aussichtskuppe (2174 m) und taucht dann ein in den lichten Bergwald. An der **Weggabelung** 02 (ca. 1960 m) unterhalb des Col del Viero hält man sich

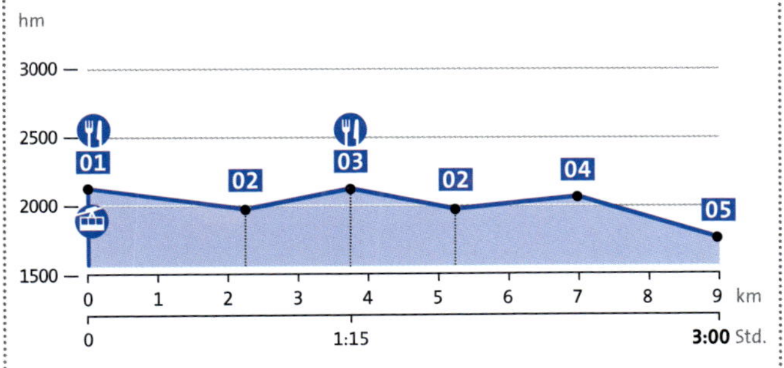

01 Col de Varda, 2115 m; 02 Weggabelung, 1960 m; 03 Rifugio Città di Carpi, 2110 m; 04 Verzweigung, 2100 m; 05 Misurinasee, 1751 m

Kulissenberge der Carpi-Hütte: die Cima Cadin di San Lucano und die Cima Eötvös.

links und folgt dem breiten Karrenweg, der wenig steil zur Grassenke der Forcella Maraia (2101 m) ansteigt. Links wenig oberhalb des Jochs steht das **Rifugio Città di Carpi** 03 (2110 m). Prachtblick auf die wilden Felszacken der Cadini; über dem tief eingeschnittenen Val d'Onge steht wuchtig der Zwölfer (3094 m).

Auf dem Hinweg zurück bis zur **Verzweigung** 04 unter dem Col de Varda und auf der Schotterpiste mit schöner Aussicht zum Cristallomassiv hinunter zur Liftstation am **Misurinasee** 05.

Pale de Menotto

Vom Rifugio Città di Carpi ist es nur ein Katzensprung zum breiten Rücken der Pale de Menotto (2248 m). Den Zugang vermittelt eine markierte Wegspur mit kurzer, wenig schwieriger gesicherter Passage (Drahtseile) in dem felsigen Westabbruch. Der abgeflachte Rücken bietet eine stimmungsvolle Rundschau, 0:45 Std. von der Carpi-Hütte.

Rif. A. Bosi al M.Piana 2205
2225
TAXI
Monte de Fora 2221
Auronzohütte Rif. Auronzo
2285
Forc. Longeres
Forc. Aùta 1984
Rist. M.ga Rinbianco
1916 C.le Roda
Forc. de Medio 1908
Col de le Saline 1955
Col de le Bisse 2280
1610
1800
Forc. Basa 1880
2356
Mautstelle Posto di pedaggio
C.Ciadin de le Bisse 2402
C.Ciadin de Rinbianco
1659
Chalet Lago Antorno 1880
L.d'Antorno
Capanna Balbo
TAXI
Col dei Toce 2109
2473
C.Ciadin dei Toce 2489
2176
Forc. de Rinbianco
2107
T. Wundt 2517
1896
Rist. La Baita 1757
Dolomiti
Miralago
Cimon di Croda Liscia 2568
M. Popena 2224
Misurina Sport
Quinz
Ciadin dei Toce
Cima d.Antorno 2418
Passo dei Toce/Passo de Toco
2367
Rif. Fratelli Fonda Savio
Lago di Misurina
Sorapiss
Misurina 1751
Torre del Diavolo 2598
Forc. Sabbiosa 2436
M.ga Misurina 1795
20
05
Forc. di Misurina 2395
Cima Cadin N.E. 2788
Cima Cadin di San Lucano 2839
2420
Villa Pio XII
20
C. Ciadin di Misurina 2674
2471
Forc. de la Neve
Forc. Cadin Deserto
49
Cima Ciadin de la Neve 2757
20
Rif. Col de Varda 2115
04
01
Pausa
1697
2174
Col de Varda
Costalta
20
1647
Pian Maccetto
03
2110
Rif. Città di Carpi
2101
Forc. Maraia
1800
02
20
Pale de
2244
Col del Viero
Croda de Cianpoduro
Cos dal Pin
I Cianpiete
Maraia Auta
Vizza Maraia
48
Maraia Basa
1397
1696
Casera Maraia
Federa Vecia
Rist. Fogher
Stabenrigo Auto
Arade
Hot. Cristallo 1368
1534
Stabenrigo de Med
Baita de Pol
Col de Colauto
Stabenrigo Basso
1302
Soggiorno Alpino
Pale de Landro
Acque Rosse
Pra de Galeno
0
500 m
Ru de Sorapis
Somadida
Alberghi di Collalto
Alb. Palus San Marco
Stabiz
Corte's
Al Cervo

GANTRASTE • 2130 m

Ausguck über dem Pustertal

7 km 3:30 h 640 hm 640 hm 58

START | Bergstation des Haunold-Sessellifts (1493 m); Talstation in Innichen (Bahnhof).
[GPS: UTM Zone 33 x: 292.020 m y: 5.177.450 m]
CHARAKTER | Recht steile, aber vergleichsweise kurze Wanderung auf einen hübschen „Guck-ins-Land“ hoch über dem Pustertal. Trittsicherheit unerlässlich, bei Nässe nicht ratsam.

Genau südlich über Innichen erhebt sich die Gantraste, eigentlich nur ein bescheidener Ausläufer des wilden Haunold-Massivs. Sie bietet aber eine bezaubernde Aussicht auf das obere Pustertal und seine Berge. Der Anstieg ist zwar teilweise sehr steil, er wird aber durch den Haunold-Sessellift angenehm verkürzt. Das zerklüftete Bergmassiv hat seinen Namen von einem legendären Riesen Haunold, der zur Zeit der Klostergründung in Innichen (8. Jh.) die Gegend unsicher gemacht haben soll, dann aber in die Berge verbannt wurde.

▶ Von der Bergstation des **Haunold-Sessellifts** 01 (1493 m) geht's auf einer Sandpiste rechts kurz abwärts. Am Rand der Lichtung verlässt man die Piste und folgt dem Weg links aufwärts in den Wald. Aussicht gibt's noch keine, dafür ist der Anstieg angenehm schattig. Die Spur leitet in einen Graben, dann links kurz hinauf zu einer Sandstraße und zur nahen

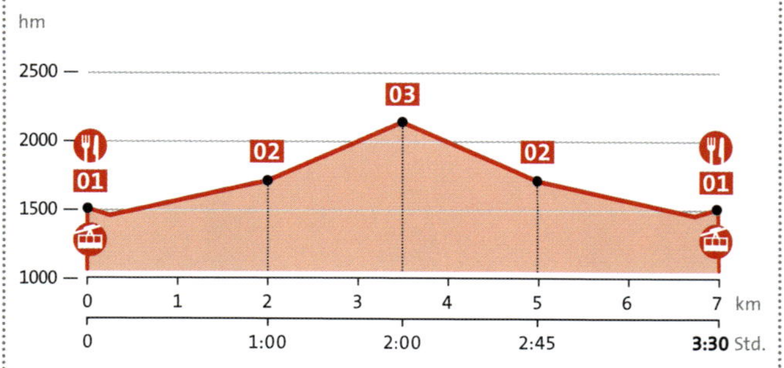

01 Bergstation Haunold-Sessellift, 1499 m; 02 Maierkaser, 1703 m;
03 Gantraste, 2130 m

Maierkaser 02 (1703 m). Bei der Hütte weist ein Holzschild zum Gipfel. Der Weg läuft am oberen Rand der Lichtung entlang, quert einen Bach (Brunnen) und steigt über den steilen Waldhang bergan. Etwa 20 Minuten oberhalb der kleinen Alm knickt er rechts ab, führt weiter steigend zu einer kleinen Waldblöße, dann hinauf zum Nordwestgrat. An dem leicht felsigen Kamm erreicht man den Gipfel der **Gantraste** 03 (2130 m) mit Kreuz und schöner Aussicht auf das obere Pustertal, das man von der Brunecker Gegend bis zu den Lienzer Dolomiten überschaut. Etwa einen Kilometer tiefer fließt die Drau durch den Flecken Innichen, am nordwestlichen Horizont zeigen sich dunkler Granit und Gletscherweiß: die Dreitausender der Rieserfernergruppe (Hochgall, 3436 m). Im Süden baut sich – fast zum Greifen nahe – das zerklüftete Massiv des Haunolds (2966 m) über mächtigen Geröllreißen auf.

Tiefblick von der Gantraste auf Innichen.

Abstieg: Nur auf dem Anstiegsweg.

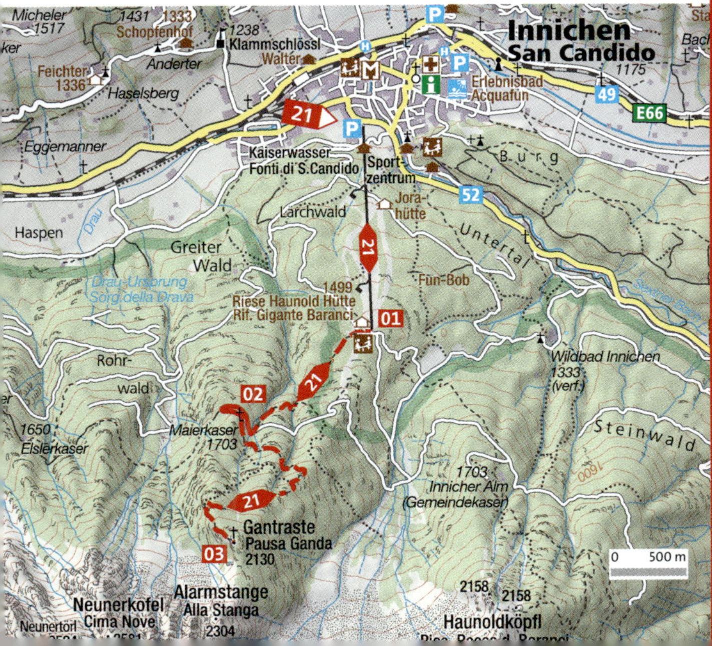

DREISCHUSTERHÜTTE • 1626 m

Höhen- und Hüttenwanderung

12 km 4:00 h 420 hm 660 hm 58

START | Bergstation des Haunold-Sessellifts (1493 m); Talstation in Innichen (Bahnhof).
[GPS: UTM Zone 33 x: 292.020 m y: 5.177.450 m]
CHARAKTER | Wenig anstrengende Höhen- und Talwanderung, teilweise Sandstraßen. Ein echtes Highlight: der Blick auf das Massiv der Dreischusterspitze (3145 m).

Die herrlich gelegene Dreischusterhütte gehört zu den beliebtesten Wander- und Ausflugszielen am Nordrand der Sextener Dolomiten, keine halbe Stunde Anstieg vom Parkplatz im Innerfeldtal. Entschieden weiter, aber auch abwechslungsreicher ist der Höhenweg vom Haunold-Sessellift herüber: viel Aussicht, vor allem auf die mächtigen Bergstöcke des Haunolds (2966 m) und der Dreischusterspitze (3145 m).

Von der Bergstation des **Haunold-Sessellifts** 01 (1499 m) folgt man der Sandpiste in den mächtigen Geröllgraben, der von den Lahner Riebeln gespeist wird. Über den Baumwipfeln ragen die bizarren Felstürme des Haunoldmassivs in den Himmel. Ein kurzer Anstieg führt zu einer quer verlaufenden Forststraße (Wegweiser), wo man links abbiegt. Eine Viertelstunde später

Der Gsellknoten vom Weg ins Innerfeldtal.

und rund hundert Meter höher folgt die nächste Verzweigung. Diesmal geht's geradeaus (Schild „Dreischusterhütte"). Die Straße quert mehrere Gräben und biegt schließlich ein ins Innerfeldtal. Dabei bieten sich erste Ausblicke auf das mächtige Dreischustermassiv. An einem **Holzlagerplatz** 02 (1736 m) endet die Piste.

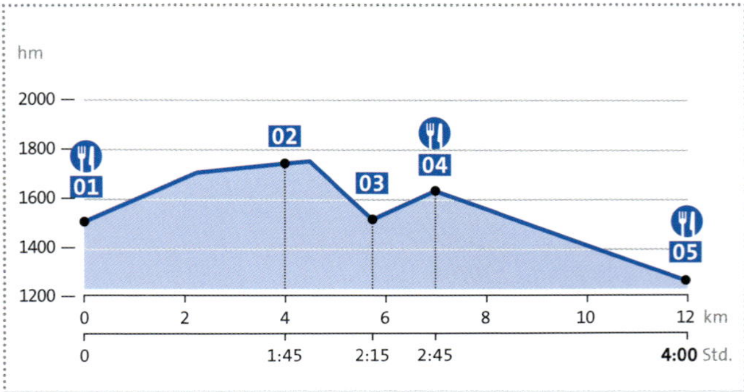

01 Bergstation Haunold-Sessellift, 1499 m; **02** Holzlagerplatz, 1736 m; **03** Antoniusstein, 1509 m; **04** Dreischusterhütte, 1626 m; **05** Zur Säge, 1259 m

Auf schmalem Weg wandert man taleinwärts, zunächst noch die Höhe haltend. Dann geht's im Gwengwald abwärts. Beim **Antoniusstein** 03 (1509 m) stößt man auf den Talweg. Er führt, eine gewaltige Schuttreiße querend, taleinwärts zur **Dreischusterhütte** 04 (1626 m), einer beliebten Einkehr in großer Felskulisse. Beim Abstieg folgt man wahlweise dem Fußweg oder der (tagsüber gesperrten) Straße. Beim unteren Parkplatz (1334 m) rechts über den Bach und hinunter zur **Alten Säge** 05 (1259 m, Gasthaus Zum Klaus) an der Straße Innichen – Sexten (Bushalt).

Die Dreischusterhütte im Innerfeldtal.

HOCHEBENKOFEL • 2905 m

Hoch und flach?

18 km | 7:30 h | 1420 hm | 1420 hm | 58

START | Parkplatz im Innerfeldtal (1490 m); Zufahrt vom Sextener Tal 4 km (Bergfahrt ab unterem Parkplatz Juli bis September jeweils von 10–16 Uhr gesperrt); Shuttlebus.
[GPS: UTM Zone 33 x: 293.900 m y: 5.173.660 m]
CHARAKTER | Anstrengende Gipfeltour mit einer leichten Kletterstelle (Drahtseile) oberhalb des Lückele. Gute Kondition und Bergerfahrung unerlässlich. Übergang zu dem unwesentlich höheren, schroffen Felsgipfel des Birkenkofels (2922 m) nur für Geübte (5 Min.; einige Sicherungen).

Der Hochebenkofel verdankt seinen (zutreffenden) Namen einerseits der Tatsache, dass er hoch über dem Höhlenstein- und dem Innerfeldtal in den Himmel ragt, andererseits seinem eigenartigen Profil: ein lang gestrecktes, nur leicht geneigtes Gipfeldach, das allseits jäh abfällt. Lediglich zum Lückele (2545 m) hin sind die Felsen weniger steil, auch gestuft, und hier ermöglicht ein bequemes Band den Überstieg.

▶ Vom **Parkplatz** 01 (1490 m) im Innerfeldtal zunächst auf einem Wanderweg abseits der Straße zur **Dreischusterhütte** 02 (1626 m). Über das Innerfeld wandert man weiter in den Talschluss, wo sich der Weg gabelt. Rechts haltend in dem licht bewaldeten Graben

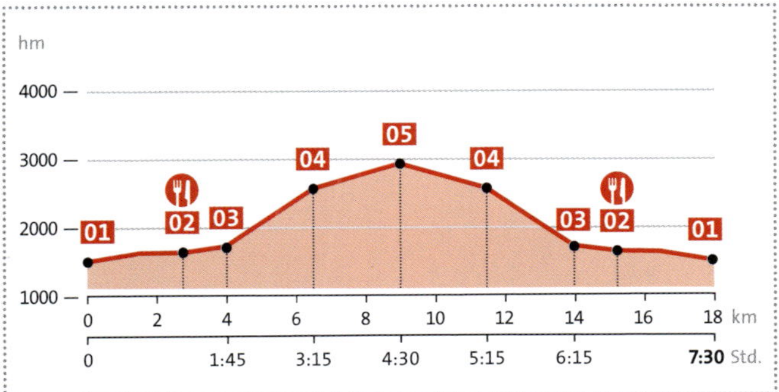

01 Parkplatz im Innerfeldtal, 1490 m; 02 Dreischusterhütte, 1626 m;
03 Abzw. Wildgrabenjoch, 1693 m; 04 Lückele, 2545 m;
05 Hochebenkofel, 2905 m

aufwärts zu einer weiteren **Verzweigung** 03 (1895 m). Nun steiler über das Hangalpental bergan; dabei entfaltet sich die Felskulisse immer schöner. Zunächst tritt hinter dem Morgenkopf der eigenwillige Felszahn des Schwabenalpenkopfs (2687 m) ins Bild, schließlich auch der Drei-Zinnen-Stock (2999 m). Jenseits des Innerfeldtals baut sich der größte, massigste Gipfel der Sextener Dolomiten mit seinen Trabanten auf, die Dreischusterspitze (3145 m).

In ein paar Kehren erreicht der Weg das **Lückele** 04 (2545 m), wo sich ein schöner Blick auf Dürrenstein und Sarlkofel auftut. Aus der Scharte leitet die Markierung rechts auf ein markantes Horizontalband (Drahtseile). Es mündet in eine seichte Rinne; man durchsteigt sie und kommt dann im Zickzack über einen Schrofenhang zum Grat. An ihm entlang, einigen Felsköpfen ausweichend, zuletzt weglos über den breiten Rücken zum **Hochebenkofel** 05 (2905 m).

Vom höchsten Punkt packende Tiefblicke ins Höhlensteintal und eine große Rundschau, von der Paul Grohmann, Erstbesteiger des Hochebenkofels, sagte: „Ein Panorama, das ich bezaubernder, wenigstens hier in den Dolomiten, kaum noch geschaut hatte."

Abstieg: Auf dem Anstiegsweg.

„Felsberührung“ am Weg zum Hochebenkofel: Passage oberhalb vom Lückele.

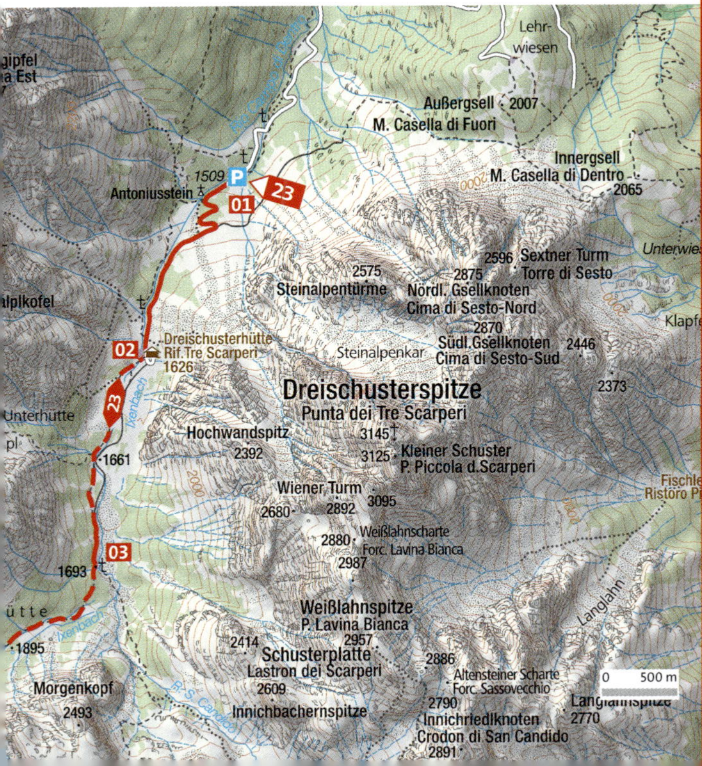

RUND UM DEN SCHWABENALPENKOPF

Drei-Zinnen-Schauen

14,5 km | 6:00 h | 1030 hm | 1030 hm | 58

START | Parkplatz im Innerfeldtal (1490 m); Zufahrt vom Sextener Tal 4 km (Bergfahrt ab unterem Parkplatz Juli bis September jeweils von 10–16 Uhr gesperrt).
[GPS: UTM Zone 33 x: 293.900 m y: 5.173.660 m]
CHARAKTER | Recht lange und ziemlich anstrengende Wanderrunde mit einer kurzen gesicherten Passage oberhalb des Großen Wildgrabenjochs.

Den Drei Zinnen, dieser unvergleichlichen Felsskulptur, kann man sich von verschiedenen Seiten nähern. Wer dem Trubel am Weg über den Paternsattel und rund um die Drei-Zinnen-Hütte lieber ausweicht, nimmt den markierten Weg aus dem Innerfeldtal herauf. Der ist zwar entschieden länger, da warten rund 1000 Höhenmeter, dafür ist man hier fast immer allein mit ein paar wenigen Gleichgesinnten – und dem fantastischen Blick zu den Drei Zinnen (2999 m), die sich genau südlich über dem innersten Rienztal und der Langen Alm aufbauen.

Vom **Parkplatz** 01 (1490 m) im Innerfeldtal wandert man zunächst zur **Dreischusterhütte** 02 (1626 m), dann flach über den weiten Almboden bis zum Fuß des Morgenkopfs (2493 m), wo sich Tal und Weg gabeln. Im

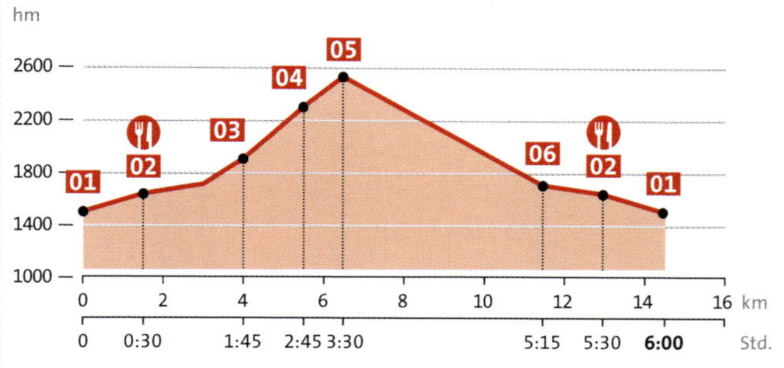

01 Parkplatz im Innerfeldtal, 1490 m; 02 Dreischusterhütte, 1626 m; 03 Abzweigung Lückele, 1895 m; 04 Großes Wildgrabenjoch, 2289 m; 05 Südostschulter, 2519 m; 06 Abzweigung Wildgrabenjoch, 1693 m

rechten Ast aufwärts, erst noch in lichtem Wald – vorbei an der **Abzweigung** 03 (1895 m) zum Lückele –, dann zwischen Latschen und schließlich über einen langen Geröllhang. Oben am **Großen Wildgrabenjoch** 04 (2289 m) heißt es dann: Vorhang auf! Da stehen die „Drei" – das viel besungene Wunder aus Stein, eines der großen Wahrzeichen der Alpen. Das herrliche Bild begleitet den Wanderer nun auf dem Weiterweg. Der steigt zunächst durch eine Felsrinne

Was für ein Rastplatz! Die Drei Zinnen von der Geländeschulter über der Schwabenalp.

Vor hundert Jahren war hier Krieg: Blick aus einem Stellungsloch auf die Nordwände der Drei Zinnen.

(Drahtseile) an, quert dann, weiter an Höhe gewinnend, die steinige Schwabenalp nach Osten hin. Zur Linken baut sich der Schwabenalpenkopf (2687 m) auf. An seiner markanten **Südostschulter** 05 ist der höchste Punkt der Runde (ca. 2519 m), eine besonders schöne Aussichtswarte, erreicht.

Der Steig führt nun östlich hinab in die weite Karrenmulde zwischen Morgenkopf und Gwengalpenjoch; bald verschwinden die Drei Zinnen hinter dem Kamm, dafür zeigen sich sehr schön Dreischusterspitze (3145 m) und Schusterplatte. Der weitere Talabstieg vollzieht sich in vielen Schleifen, führt hinunter in den Graben des Innichbachs und über sein breites Geröllbett zurück zur **Abzweigung Wildgrabenjoch** 06 (1693 m) unter dem Morgenkopf. Hier erinnert eine Tafel an Georg Freiherr von Ompteda (1863–1931), der ein großer Freund der Sextener Bergwelt war und in der Nähe ein Blockhaus besaß. Einer seiner Romane hätte ganz gut zu der Wanderrunde gepasst: „Die kleine Zinne".

Auf dem Hinweg zurück zum **Parkplatz** 01.

Haunoldköpfl
Picc. Rocca d. Baranci
Haunold
Westgipfel
Cima Ovest
2933
Ostgipfel
Cima Est
2907
Südgipfel
Cima Sud
Birkenschartl
Forc. de Baranci
Kohlalpl-
spitzen
Kohlalplkofel
2543
Antoniusstein
1509
Dreischusterhütte
Rif. Tre Scarperi
1626
Unterhütte
Kohlalpl
Unterebenkofel
C.Piatta Bassa
2581
Oberhütte
Morgenkopf
2493
Schwalbenjöchl
Gr. Wildgrabenjoch
P.so Grande de Rondo
Schwabenalpenkopf
Torre dei Scarperi
2687
Schwabenalm
Alpe di Rimbon
Gwengalpenjoch
Zirmboden
Langalm
M.ga Grava Longia
Col Forcellina
San Marco
Außergsell
M. Casella di Fuori
Steinalpentürme
Steinalpenkar
Dreischusterspitze
Punta dei Tre Scarperi
Hochwandspitz
2392
Kleiner Schust
P. Piccola d.Sc
Wiener Turm
Weißlahnscharte
Forc. Lavina Bianca
Weißlahnspitze
P. Lavina Bianca
Schusterplatte
Lastron dei Scarperi
Innichbachernspitze
Innichriedl
Forc. di S.Candido
Toblinger Knoten
Torre di Toblin
Sextner Stein
Sasso di Sesto
Drei-Zinnen-Hütte
Rif. A. Locatelli-S. Innerkofler
2405
Bödenseen
L.del Piani
Frankfurter
Würstl
Paternkofel
Passportenkofel
24
01
02
03
04
05
06
0
500 m

VON INNICHEN NACH SEXTEN

Spaziergang vor großer Kulisse

9 km | 3:00 h | 380 hm | 340 hm | 58

START | Innichen (1174 m) an der Mündung des Sextener Tals (Bahnhof). Zwischen Sexten und Innichen verkehrt ein SAD-Bus. [GPS: UTM Zone 33 x: 292.350 m y: 5.179.000 m]
CHARAKTER | Halbtageswanderung: viel Aussicht, wenig Anstrengung. Absolutes Highlight: die Zacken der Sextener Dolomitengipfel.

Man könnte diese Wanderung ins Sextener Tal mit einem „Amuse-Gueule“ vergleichen, einem Appetithäppchen, das Vorfreude auf das große Menü weckt. Denn so ähnlich verhält es sich mit dem Weg von Innichen nach Sexten: Nach längerem „Anlauf“ kommen sie alle ins Blickfeld, die großen Dolomitengipfel um das Innerfeldtal und die Zacken der berühmten „Sextener Sonnenuhr“. Da bleibt viel Zeit zum Schauen – und Träumen: einmal am Führerseil die Dreischusterspitze (3145 m) oder den Zwölfer (3094 m) besteigen, auf den legendären (Alpini-)Felsbändern durch die Steilflanken des Elfermassivs wandern, oder am sichernden Drahtseil zur Rotwand (2965 m) hinaufkraxeln …

▶ Die Wanderung beginnt in **Innichen** 01 (1174 m), und da stehen ja auch ein paar steinerne Türme: die der Pfarrkirche und des berühmten Stifts. Man verlässt das Städtchen durch die Freisinger Straße und folgt dem breiten „Burgweg“, der ganz allmählich an dem bewaldeten Bergrücken zwischen dem Drau- und dem Sextener Tal ansteigt.

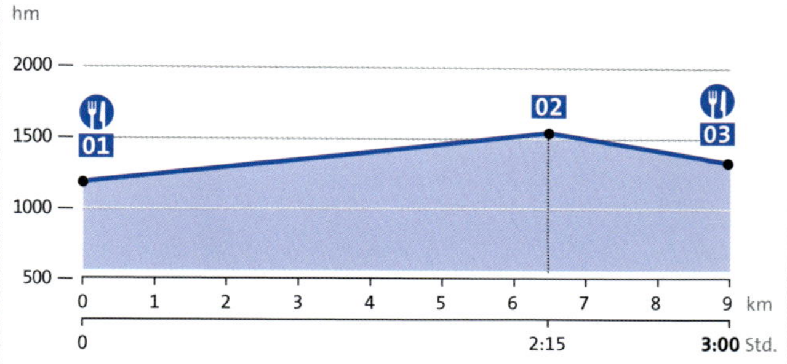

01 Innichen, 1174 m; 02 Waldkapelle, 1530 m; 03 Sexten, 1316 m

Im Sextental. Die „Heuharfe“ links erinnert an die einst slawischen Bewohner der Gegend.

Aussicht gibt's vorerst wenig; nur gelegentlich zeigen sich ein paar Innerfelder Kulissenberge: grauer Dolomit über Waldgrün. An der Verzweigung hinter der Hochraste (1404 m) hält man sich links (Hinweis „Helm“) und folgt dem nun stärker steigenden Fahrweg in ein paar Schleifen bergan. Bei der signalisierten Abzweigung (Markierung 4d) rechts zur **Waldkapelle** 02 (1530 m) und leicht abwärts ins Rodungs- und Siedlungsgebiet von Außerberg. Nun mit viel Aussicht auf Dolomitgipfel rund ums Fischleintal zum Hof Ladstätter (1449 m) und hinunter nach **Sexten** 03 (1316 m).

Die Stiftskirche von Innichen

Nicht versäumen sollte man einen Besuch der 1284 geweihten Stiftskirche. Sie gilt als bedeutendster romanischer Sakralbau Tirols und beeindruckt durch einen ungewöhnlichen Reichtum an romanischer Plastik (Mitte 13. Jh.). Weiter beachtenswert: das gotische Fresko von Michael Pacher am Venezianer Tor, das Kuppelfresko, das die Schöpfungsgeschichte thematisiert (um 1280), die Kreuzigungsgruppe, ebenfalls spätromanisch, und die Krypta.

Schöneggensäge
Moser
Silvestereck
Silvesterbach
Innere Teilwälder
Rio S. Silvestro
Bodeneck
1805
Silvesterkapelle
S. Silvestro
Nag
eibeneck
Dosso
1954
Innicher Eck
1935
1983
Bodeneck
Vierschacher Berg
Rehfunken
Gutmannhof
Glinz
Kuentnerhof
1375
Huber
Himmelreich
Raner
Tolderer
Gaden
Kranzhof
Mehlhof
Vierscha
Stolzen
431
1333
hopfenhof
1238
Klammschlössl
Anderter
Walter
Leithof
Innichen
San Candido
1175
Stauderhof
Bachler
Lechen
Ega
Klein
Pappinger
elsberg
25
01
Erlebnisbad
Acquafun
49
E66
Wiesthal
Drau
Kaiserwasser
Fonti di S.Candido
Sport-
zentrum
Burg
52
25
1142
Lärchwald
Jora-
hütte
Untertal
Greiter
Wald
Ursprung
della Drava
1499
Fun-Bob
Burgwäl
Riese Haunold Hütte
Rif. Gigante Baranci
Sextner Bach
Karnische
Dolomitenstraße
Hoch
140
Wildbad Innichen
1333
(verf.)
Rio di Sesto
Zum
(Alt
Maierkaser
1703
Steinwald
1703
Innicher Alm
(Gemeindekaser)
1600
Gantraste
Pausa Ganda
2130
Gweng-
wiesen
Alarmstange
Alla Stanga
2304
2158
2158
Haunoldköpfl
Picc. Rocca d. Baranci
Gantkofel
Cima Ganda
Südostgipfel
2690
Cima Sudest
2695
2697
2718
Ostgipfel
Cima Est
2907
2966
Westgipfel
Cima Ovest
2933
Haunold
Rio Campo di Dentro
M.
0
500 m
2860
Südgipfel
Cima Sud
Birkenschartl
Forc. de Baranci
2540
Birkenschartlturm
Torre dei Baranci
1509
Antoniusstein

Lercher
Reider Berg
1762
Parggen
Feigental
Kolbental
1457
Erharter
Wegfeld-alm
1686
Egarten
Walder
Mitteregger
Kant-schieden
Reiderhöfe
1458
Pfeffer
Ob.-Parggen
Köckberg
1260
Unt.
Winnebach
Prato alla Drava
1131
Erlach
Schattenwald
Brunner
Waldruhe
1126
Jaufen
1238
Patzleiner
Huben
Geiger
1490
Stiner
Almhof
Gassler
Binder-mühle
Loretokapelle
Vierschach
Versciaco
Vierschach
Mühlbach
Lorettobach
Karzlerbach
Gennesbach
1521
1154
Gröberhütte
Raut
Porenbach
Rauthütte
Umlaufbahn
1745
Pojaufer Kaser
Schattenseite
2078
Raucheck
Villboden
Jägerhütte
Baita del cacciatore
1830
Hasenköpfl
2226
Waldkapelle
02
Panorama Helm
Restaurant
2041
2152
Hahnspielhütte
Rif. Gallo Cedrone
Roggen
1297
Bühl
Wetzwiesen
Archehof
Außerberg
Monte di Fuori
Waldruhe
Helmseilbahn
Mitterberg
Monte di Mezzo
Schmieden
Egarter
Raut
25
Lärchenhütte
1830
Eggets-wälder
Freilichtmuseum
Bellum Aquilarum
Ferrara
03
Sexten
Sesto
Tschurtschentalerhof
1660
Negerdorf
Panorama
Rudolf-Stolz-Museum
Kiniger
Festung
Mitterberg
Helmhanghütte
1610
Lahnplatz
Waldheim
Willy
Trojerhöfe
Grüne Laterne
Monika
Palmstatt
Lehr-wiesen
Regelrane
1337
Tirol
Mooser
Alpenblick
Froneben
1549
2007
1339
Moos
Moso
Wälder
Hotel Rainer
Sextner Bach
Innergsell
M. Casella di Dentro
2065
ehem. Werk
Haideck/Ex Forte
Putschall
Mühlen-

HELM UND HORNISCHEGG • 2550 m

Was für eine Schau!

15,5 km | 4:45 h | 590 hm | 1320 hm | 58

START | Bergstation der Helm-Seilbahn (2041 m); Talstation in Sexten.
[GPS: UTM Zone 33 x: 298.500 m y: 5.176.941 m]
CHARAKTER | Aussichtsreiche Höhen- und Grenzkammwanderung mit langem Abstieg (Teleskopstöcke). Durchwegs ordentliche, markierte Wege.

„An keiner anderen Stelle der Alpen stehen die Gipfel einer bestimmten Berggruppe so unmittelbar und vollständig da wie hier die Gipfel der Sextener Dolomiten, dabei so klar und übersichtlich, dass man sie, ehe man sie wirklich betritt, gewissermaßen schon mit den Augen durchwandern kann". Was Karl Springenschmid vor ein paar Jahrzehnten schrieb, hat auch heute noch seine Gültigkeit, nur ist der Weg zur herrlichen Aussicht inzwischen

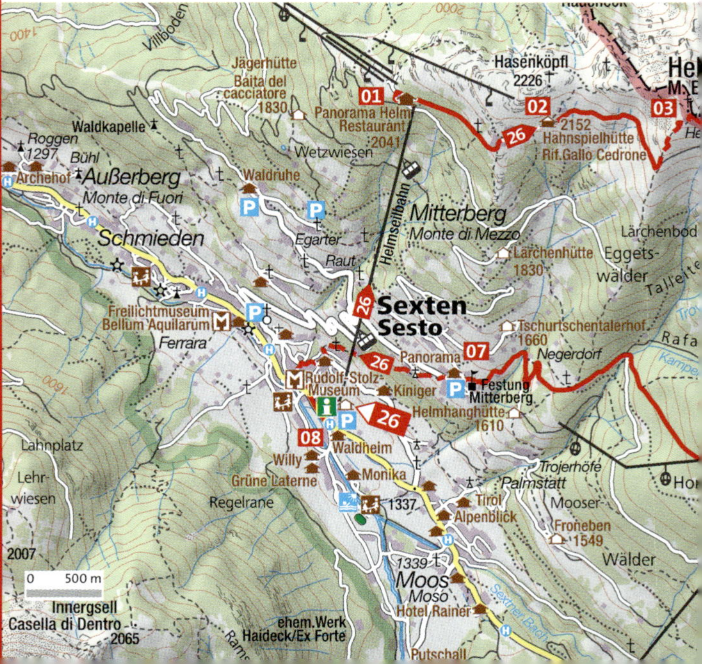

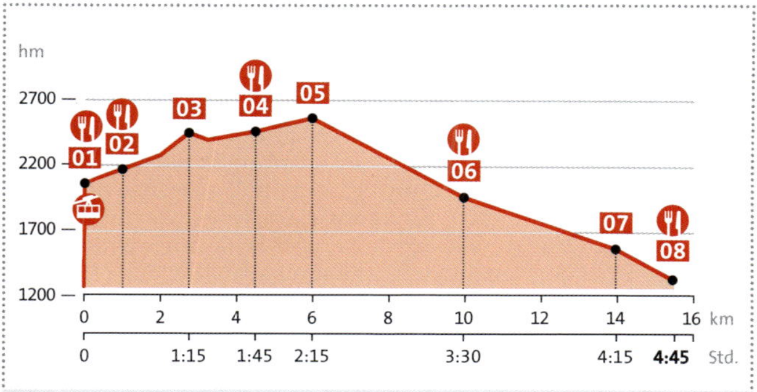

01 Bergstation Helm-Seilbahn, 2041 m; **02** Hahnspielhütte, 2150 m; **03** Helm, 2434 m; **04** Sillianer Hütte, 2447 m; **05** Hornischegg, 2550 m; **06** Klammbachhütte, 1950 m; **07** Mitterberg, 1550 m; **08** Sexten, 1316 m

wesentlich kürzer geworden. Mit der Seilbahn schwebt man in ein paar Minuten bis zur Waldgrenze hinauf, und eine Stunde später steht man dann auf dem Gipfel, die Parade der Sextener Dolomiten vor sich und die Hohen Tauern mit Großvenediger und Großglockner im Rücken. Was für eine Schau!

Von der **Bergstation der Helmbahn** 01 (2041 m) führt eine Sandstraße in angenehmer Steigung zur **Hahnspielhütte** 02 (2150 m) und in weitem Bogen hinaus zum Südwestgrat des Helms. Hier links und in kurzem Zickzack an dem schrofigen Rücken direkt zum **Helmgipfel** 03 (2434 m) mit dem ehemaligen Zollhaus und großem Panorama. Gut einzusehen ist auch der Weiterweg am Grenzkamm entlang zur **Sillianer Hütte** 04 (2447 m) und weiter zum **Hornischegg** 05 (2550 m), größtenteils auf dem „Karnischen Höhenweg". In der Karmulde östlich unter dem Gipfel liegen die winzigen Hollbrucker Seen.

Der Abstieg führt zunächst ostwärts hinunter in die Gratsenke (2483 m) zwischen Hornischegg und Hollbrucker Spitze (2580 m). Man traversiert sie zu der signalisierten Abzweigung ins Klammbachtal: in einer weiten Rechtsschleife bergab und über die teils grasige, teils schrofige Südflanke des Hornischeggs – zuletzt über ein paar Schleifen – hinunter zur **Klammbachhütte** 06 (1950 m). Von der Jausenstation erst flach, dann fallend in den Graben des Kampenbachs, wo man auf eine Straße trifft. Sie führt über das Negerdorf (1705 m) in zwei Kehren hinunter zur ehemaligen Festung **Mitterberg** 07 (1550 m) und zum Gasthaus Panorama. Zuletzt auf einem Weg schräg bergab nach **Sexten** 08 (1316 m). Durch den Ort zum Parkplatz der Helmbahn.

Das grüne Sextental. Im Vordergrund der Felszahn des Einsers.

AUSSERGSELL • 2007 m

Blumenwiesen unter grauen Felsen

8,5 km | 3:15 h | 690 hm | 690 hm | 58

START | Sexten (1316 m); mehrere Parkmöglichkeiten im Ort; Bushalt.
[GPS: UTM Zone 33 x: 297.400 m y: 5.175.380 m]
CHARAKTER | Steiler, aber überwiegend schattiger Anstieg zu den Blumenwiesen unter dem Gsellknoten. Ordentlich markierte Wege.

Dem mächtigen Massiv der Dreischusterspitze (3145 m) sind nördlich, zum Sextener Tal hin, zwei licht bewaldete Kuppen vorgelagert. Sie bestehen aus Werfener Schichten, die schöne Versteinerungen liefern. Bekannter sind der Innere und der Äußere Gsell allerdings für ihre ebenso üppige wie artenreiche Flora. Zusammen mit den hübschen Ausblicken Grund genug, zumindest einen der beiden Gsellen zu besuchen. Bei denen handelt es sich übrigens nicht – wie man vermuten könnte – um Gesellen des „Schusters"; die Bezeichnung ist aus dem Lateinischen abgeleitet und bezieht sich auf eine Alm Cunasella, die in einer Innicher Urkunde von 965 erwähnt wird.

▶ Die Wanderung beginnt auf Asphalt, führt von **Sextens Ortsmitte** 01 (1316 m) erst über den Sextener Bach, dann über Wiesen bergan gegen die Mündung des Gselltals. Aus dem Sträßchen wird bald eine Sandpiste, dann ein schmaler Weg, der sehr steil durch den bewaldeten

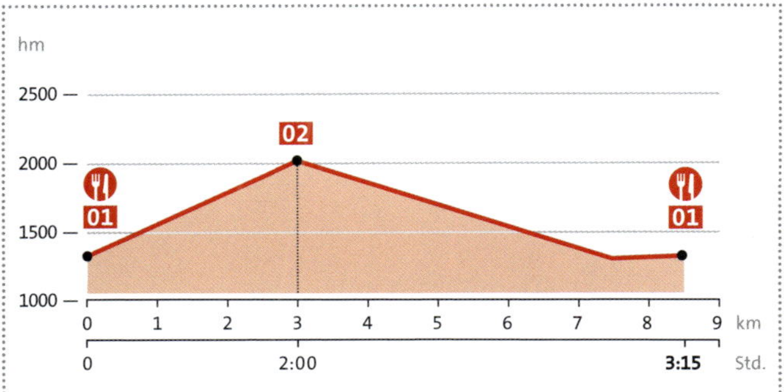

01 Sexten, 1316 m; 02 Außergsell, 2007 m

Ins Innerfeldtal

Die Besteigung des Außergsells lässt sich leicht mit einem Abstecher ins Innerfeldtal verbinden. Ein markierter Weg von der Wegkreuzung südlich unter dem Gipfel über die Steinalpe hinab in das malerische Dolomitental, wo man in der Dreischusterhütte (1626 m) einkehren kann. Abstieg durch das Innerfeldtal bis zum unteren Parkplatz (1334 m), dann an der rechten Talseite mit leichtem Gegenanstieg zur Mündung, wo man auf eine Sandstraße stößt. Mit ihr im Wald hinunter zum Sextenbach und zurück nach Sexten. Gesamtgehzeit etwa 5:30 Std.

Graben ansteigt. Aussicht gibt es zunächst keine, erst zuletzt zeigen sich die Felsabstürze des Gsellknotens (2875 m). An der Wegspinne (1960 m; Tafeln) im Rücken des **Außergsells** 02 (2007 m) hält man sich rechts und steigt kurz auf zur Gipfelwiese mit Bank.

Der Abstieg führt zunächst sanft bergab zu den Außergsellwiesen (1955 m), wo eine Almstraße endet. Man folgt ihr nordwärts über mehrere weite Schleifen (lassen sich teilweise abkürzen) bis zum Obergarten (1593 m). Hier rechts und im Wald hinunter ins Tal und hinein nach **Sexten** 01.

Schroffer Fels über grünen Wiesen: Der Gsellknoten.

Vierschach
Versciaco
Kleinmarer
Egarter
Zögger
1439
1490
Gassler
Loretokapelle
Binder-mühle
Vierschach
Raut
Gröberhütte
1154
Panorama-Helm-Restaurant
1142
Drau
Rauthütte
Umlaufbahn
1745
Pojaufer Kaser
Schattenseit
Hochraste
1404
Villboden
Jägerhütte
Baita del cacciatore
1830
Panorama Helm Restaurant
2041
Hasenk
2226
Zum Klaus (Alte Säge)
Stausee
Waldkapelle
Roggen
1297
Bühl
Archehof
Außerberg
Monte di Fuori
Waldruhe
Wetzwiesen
Mitterberg
Monte di Mezzo
Helmseilbahn
Schmieden
Egarter
Raut
Ixen-wald
27
Sexten
Sesto
Freilichtmuseum Bellum Aquilarum
Ferrara
01
Panorama
Rudolf-Stolz-Museum
Kiniger
Festung Mitterberg
Helmhanghütte
1610
27
Lahnplatz
Waldheim
27
Lehr-wiesen
Willy
Grüne Laterne
Monika
27
Regelrane
1337
Tirol
Alpenblick
Palms
Außergsell
2007
M. Casella di Fuori
02
1339
Moos
Moso
Hotel Rainer
Innergsell
M. Casella di Dentro
2065
ehem. Werk Haideck/Ex Forte
Ramischköfel
Putschall
Mühlen-hof
Bad Moos
Unterwiese
2596
Sextner Turm
Torre di Sesto
2575
2875
Nördl. Gsellknoten
Cima di Sesto-Nord
Schützenstübele
2870
Südl. Gsellknoten
Cima di Sesto-Sud
2446
Klapfegge
Mooser Wälder
2373
Schusterspitze
dei Tre Scarperi
3145
Warmstein
1528
3125
Kleiner Schuster
P. Piccola d. Scarperi
3095
Fischleinbodenhütte
Ristoro Piano Fiscalina
1454
Rotwand
Rif. Prati d.
0
500 m
1924
Dolomitenhof
Alte Post
Weißlahnscharte
Forc. Lavina Bianca

28

INNERGSELL • 2065 m

Aussichtskanzel über dem Fischleintal

10,5 km | 4:15 h | 780 hm ↗ | 780 hm ↘ | 58

START | Sexten (1316 m), Parkmöglichkeit im Ort; Bushalt. [GPS: UTM Zone 33 x: 297.400 m y: 5.175.380 m]
CHARAKTER | Recht steile, dafür allerdings überwiegend schattige Wege. Für den Abstieg sind Teleskopstöcke nützlich.

Im Gegensatz zum Außergsell bietet der Innergsell auch Aussicht auf die Felskulisse des Fischleintals, und das macht ihn natürlich zu einem beliebten Wanderziel. Von der hohen Warte aus überschaut man die berühmte Dolomitenkulisse von der Sextener Rotwand (Zehner, 2965 m) über den Elfer (3092 m) bis zum Zwölfer (3094 m), der das Bacherntal im Süden markant abschließt. Links davor steht der Hochleist (2413 m), beim Anstieg zur Zsigmondyhütte (s. Tour 30) ein richtiger „Hochstapler“, vom Innergsell aus bloß Vorbau des Dreitausenders. Deutlich auszumachen ist auch die schmale Sentinellascharte (2717 m) zwischen Rotwand und dem Elfer, und wer ein Fernglas dabei hat, kann sogar den kühnen Verlauf des „Alpinisteigs“ durch die Nordabstürze bis zur mächtigen Geröllterrasse in der Westflanke des Elfers verfolgen (s. Tour 36).

▶ Die Wanderung zum Innergsell führt von der **Sextener Ortsmitte** 01 (1316 m) über den Bach, dann über Wiesen bergan zur Mündung des steilen Gsellgrabens. An der beschilderten Verzweigung (1452 m) hält man sich links (geradeaus zum Außergsell) und folgt dem Waldweg, der in Schleifen an

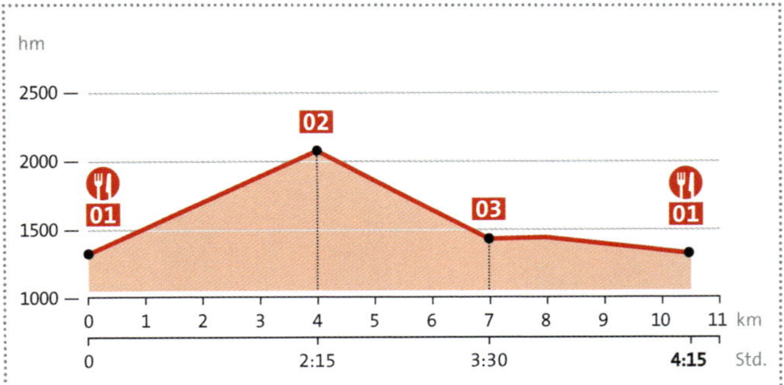

01 Sexten, 1316 m; 02 Innergsell, 2065 m; 03 Fischleintal, 1420 m

der Nordflanke des Innergsells ansteigt. Aussicht gibt's kaum, erst zum Gipfelrücken hin lichtet sich der Wald, zeigen sich die ersten Sextener Felszacken. Umso überraschender dann die stimmungsvolle Umschau vom **Innergsell** 02 (2065 m), den einige verfallene Kriegsbauten zieren.

Der Abstieg führt zunächst östlich hinunter zu einem licht bewaldeten Rücken (Ramischköfel, 1913 m), nach kurzer Hangquerung an einem Rücken in Kehren steil hinab in den Graben des Bärisbachs. Weiter im Wald bergab, dabei zweimal über den Wildbach. Im **Fischleintal** 03 (1420 m) stößt man auf den „Waldweg Fischleintal". Er leitet flach und überwiegend schattig – vorbei an der Ruine des alten Festungswerks Haideck – hinaus zur Talmündung und zurück nach **Sexten** 01.

Sextener Gipfelpracht über dem Fischleintal: Rotwand, Elfer und Zwölfer.

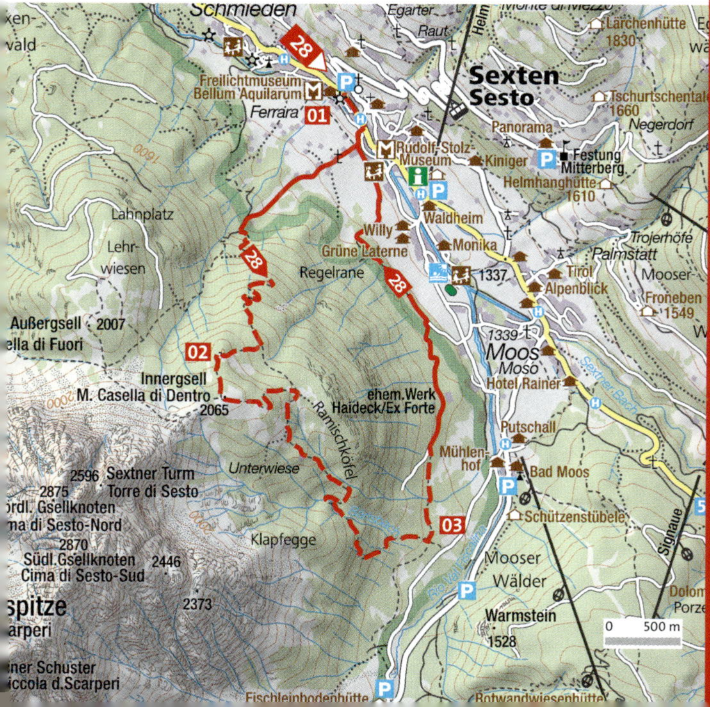

FISCHLEINTAL

Der schönste Sextener Spaziergang

13 km | 3:00 h | 210 hm | 210 hm | 58

START | Sexten (1316 m), Parkmöglichkeit im Ort; Bushalt. [GPS: UTM Zone 33 x: 297.400 m y: 5.175.380 m]
CHARAKTER | Gemütliche Talwanderung ohne nennenswerte Steigungen mit Einkehr am Wendepunkt.

Wenn es einen Flecken in den Sextener Dolomiten gibt, der so ganz unserer Vorstellung einer Dolomitenidylle entspricht, dann ist es wohl der Fischleinboden. Da verbinden sich Formen und Farben zu einem vollkommenen Bild, vor allem natürlich im Herbst, wenn die Lärchen sich verfärben, golden aufflammen, und der Himmel sein tiefstes Blau zeigt. Über den mit Latschen bewachsenen Hängen ragt hellgrauer Fels in den Himmel, zur Rechten massig die Dreischusterspitze (3145 m), links Rotwand (2965 m) und Elfer (3092 m), im Talhintergrund der Zwölfer (3094 m): Naturwunder Fischleintal. Fisch gibt's allerdings höchstens auf der Speisekarte des Hotels Dolomitenhof (das übrigens seit vielen Generationen im Besitz der Bergführerdynastie Innerkofler ist). Bei der deutschen Bezeichnung für dieses Dolomitental handelt es sich nämlich um eine Verballhornung, des lateinischen „fiscalina", was so viel bedeutet wie „zum königlichen Fiskus gehörend" bzw. tributpflichtig. In diesem einen Fall kommt die italienische Bezeichnung Val Fiscalina der Namenswurzel näher – allerdings eine seltene Ausnahme!

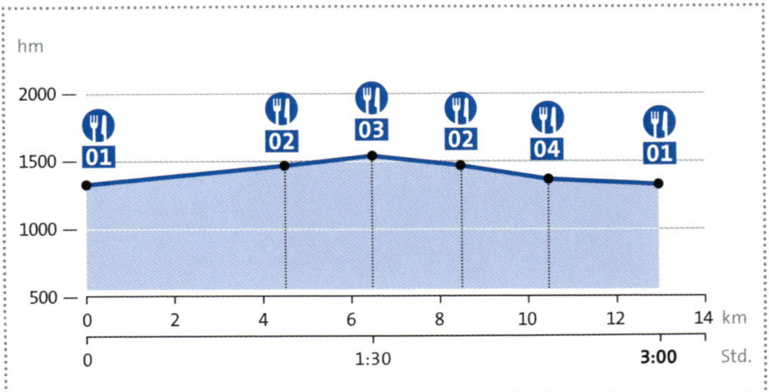

01 Sexten, 1316 m; 02 Parkplatz Fischleinboden, 1454 m;
03 Talschlusshütte, 1548 m; 04 Bad Moos, 1353 m

Jägerhütte
Baita del cacciatore
1830
Panorama Helm Restaurant
2041
Hasenköpfl
2226
2152
Hahnspielhütte
Rif. Gallo Cedrone
Waldkapelle
Roggen
1297
Bühl
Archehof
Außerberg
Monte di Fuori
Wetzwiesen
Waldruhe
Helmseilbahn
Mitterberg
Monte di Mezzo
Lärchenhütte
1830
Egarter
Raut
Eggets-
wälder
Schmieden
Sexten
Sesto
Freilichtmuseum
Bellum Aquilarum
Ferrara
Tschurtschentalerhof
1660
Negerdorf
Panorama
Rudolf-Stolz-
Museum
Kiniger
Festung
Mitterberg
Helmhanghütte
1610
Waldheim
Lahnplatz
Willy
Grüne Laterne
Monika
Trojerhöfe
Palmstatt
Lehr-
wiesen
Regelrane
1337
Tirol
Alpenblick
Mooser-
Froneben
1549
Wälder
2007
1339
Moos
Moso
Hotel Rainer
Sextner Bach
Innergsell
M. Casella di Dentro
2065
ehem. Werk
Haideck/Ex Forte
Ramischköfel
Putschall
Mühlen-
hof
Bad Moos
2596
Sextner Turm
Torre di Sesto
Unterwiese
Schützenstübele
Signaue
52
2870
2446
Klapfegge
Mooser
Wälder
Karnische
Dolomitenstraße
Porzen
2373
Warmstein
1528
Rio Val Fiscalina
Fischleinbodenhütte
Ristoro Piano Fiscalina
1454
Rotwandwiesenhütte
Rif. Prati di Croda Rossa
1924
Rudi-Hütte
Rif. Rudi
1950
Porzenw
Dolomitenhof
Alte Post
Kuhlwälder
2056
Langlahn
Weitental
Rotwandköpfe
2345
Langlahnspitze
2770
Talschlusshütte
Rif. al Fondo Valle
1548
Anderteralm
Wurzbach
2675
Prater
2745
Anderter Scharte
2698
Bergsturz
2007
Elferschartenspitze
2650
Elferscharte
Forc. Undici
2965
2717
2550
Sentinellascharte
Einserkofel
Cima Una
0
500 m
01
02
03
04
29

Im Fischleinboden. Blickfang der elegante Felsbau des Einserkofels.

In der Ortsmitte von **Sexten** 01 (1316 m) über den Bach (Tafeln) und auf einem Sträßchen zunächst flach über den Wiesenplan, dann rechts haltend kurz bergan zum „Waldweg Fischleintal", der in sanftem Anstieg den Taleingang ansteuert.

Hier kommt man an den spärlichen Überresten des ehemaligen Festungswerks Haideck (1413 m) vorbei. Weiter über schöne Lärchenwiesen zum **Großparkplatz** (1454 m) beim **Hotel Dolomitenhof** 02 und auf einem Sandsträßchen (alternativ auch markierter Weg) über den licht bewaldeten Fischleinboden zur **Talschlusshütte** 03 (1548 m).

Zurück zum **Hotel Dolomitenhof** 02, dann links des Fischleinbachs auf einem Fahrweg nach **Bad Moos** 04 (1353 m) und am Sportzentrum vorbei hinein zum Ausgangspunkt der Wanderung in **Sexten** 01.

ZSIGMONDYHÜTTE • 2224 m

Hüttenwandern vor großer Kulisse

12 km | 4:15 h | 770 hm ↗ | 770 hm ↘ | 58

START | Parkplatz Fischleinboden (1454 m), Zufahrt von Sexten (Bushalt), großer Parkplatz.
[GPS: UTM Zone 33 x: 297.570 m y: 5.171.560 m]
CHARAKTER | Sehr beliebte Hüttenwanderung auf ordentlichen, teilweise etwas steinigen Wegen. Große Dolomitenkulisse.

Man braucht bloß einen Blick ins Bacherntal zu werfen, um zu wissen, weshalb die Zsigmondyhütte zu den beliebtesten Wanderzielen Sextens gehört: ganz hinten und ganz frei thront da der Zwölferkofel (3094 m), fraglos eine der schönsten Berggestalten der gesamten Dolomiten, ein mächtiges, aber dennoch elegantes Felsdreieck. Ganz anders präsentiert sich der Dreitausender von Westen, etwa vom Weg zum Paternsattel. Aus dieser Perspektive zeigt er seine ungeheure Masse, den hohen, über einen Kilometer langen Felsgrat, der sich südlich bis zur Cima d'Auronzo (2914 m) zieht. Erstmals bestiegen wurde der zweithöchste Gipfel der Sextener von Michl und Johann Innerkofler 1874. Bei der Wanderung aus dem Fischleinboden zur Zsigmondyhütte steht dem Zwölfer allerdings ein anderer „Gipfel" im Weg: der Hochleist (2413 m) mit seinem (scheinbar) himmelhoch ragenden Bugfelsen ist zunächst der Blickfang. Nach und nach werden die Verhältnisse aber zurechtgerückt, wird aus dem mächtigen Turm ein flacher Rücken, der nur

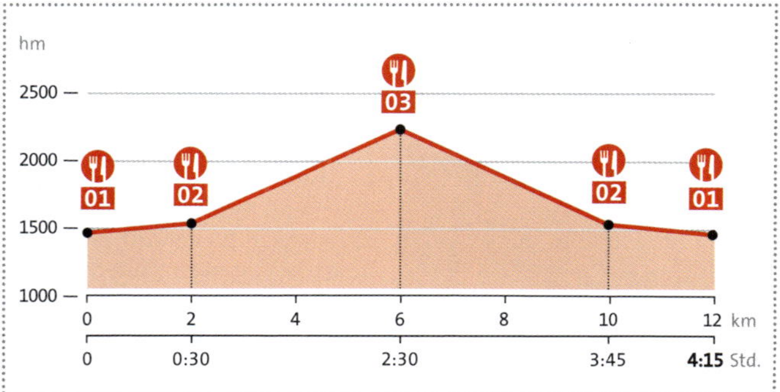

01 Parkplatz Fischleinboden, 1454 m; 02 Talschlusshütte, 1548 m; 03 Zsigmondyhütte, 2224 m

Über dem Bacherntal: Elferkofelmassiv und Hochleist.

knapp bis zum Felsfuß des Zwölfers reicht. Das Schutzhaus – offiziell Zsigmondy-Comici-Hütte – ist nach zwei großen Bergsteigern benannt. Der Wiener Emil Zsigmondy war einer der ersten Führerlosen in den Alpen, Emilio Comici der wohl bekannteste italienische Kletterer der dreißiger Jahre; ihm gelang 1933 (zusammen mit den Brüdern Dimai) die Durchsteigung der Nordwand der Großen Zinne – ein Meilenstein in der Geschichte des Alpinismus.

Die Zsigmondyhütte im Bacherntal.

▶ Vom **Parkplatz** 01 im Fischleintal (1454 m) wandert man zunächst über den flachen, nur licht bewaldeten Fischleinboden zur **Talschlusshütte** 02 (1548 m). An dem Haus vorbei und ansteigend zum Straßenende, dann auf rauem Weg weiter zur Weggabelung am Eingang ins Altensteintal. Hier links haltend (Tafel) über einen Latschenhang bis zum Felsfuß des Einsers (2698 m), dann hoch über dem Graben des Bachernbachs taleinwärts, wobei sich die Felskulisse immer eindrucksvoller entfaltet.

Oberhalb einer felsigen Geländestufe tritt dann auch der Zwölfer eindrucksvoll aus dem Schatten des Hochleist (schöner Rastplatz). Zuletzt in ein paar Schleifen an dem Schrofenhang hinauf zur **Zsigmondyhütte** 03 (2224 m).

Abstieg: Auf dem Anstiegsweg.

RUND UM DEN EINSER

Die große Sextener Wanderrunde

18 km | 6:45 h | 1160 hm ↗ | 1160 hm ↘ | 58

START | Parkplatz Fischleinboden (1454 m), Zufahrt von Sexten (Bushalt), großer Parkplatz.
[GPS: UTM Zone 33 x: 297.570 m y: 5.171.560 m]
CHARAKTER | Große Runde auf ordentlich markierten, viel begangenen Wegen. Trittsicherheit und Ausdauer notwendig. Einmalige Kulisse, ständig neue, faszinierende Perspektiven der Sextener Bergwelt.

Der absolute Wanderklassiker in den Sextener Dolomiten ist die große Tour um den Einser, und das nicht ohne Grund. Aus dem Wegverlauf ergeben sich immer wieder neue, faszinierende Szenerien mit den Drei Zinnen als einem der Höhepunkte; drei bewirtschaftete Hütten unterwegs bieten sich zur Einkehr und Rast an. Dass man an Schönwettertagen da nicht allein unterwegs ist, versteht sich fast von selbst, doch das schmälert die Freude nur wenig. Fast mehr Probleme als die vielen Gleichgesinnten macht die Frage der Gehrichtung: mit oder gegen den Uhrzeiger? Beide Varianten haben ihren Reiz; wählt man den Aufstieg durch das Altensteintal, stehen die Drei Zinnen (2999 m) unter der hohen Mittagssonne, dafür präsentiert sich dann die Kulisse des Bacherntals mit Zwölfer, Elfer und Rotwand besonders schön im schräg einfallenden Licht

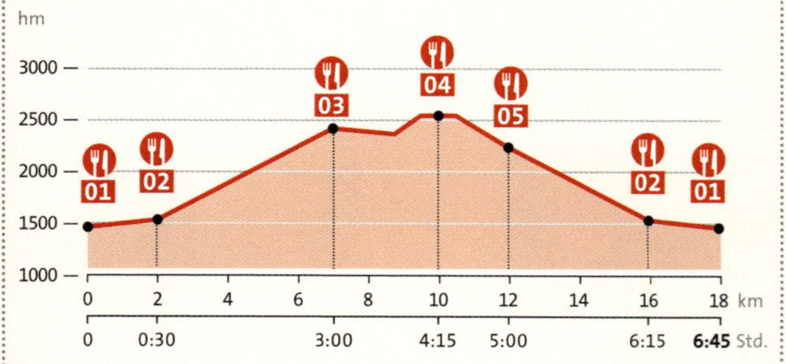

01 Parkplatz Fischleinboden, 1454 m; 02 Talschlusshütte, 1548 m;
03 Drei-Zinnen-Hütte, 2405 m; 04 Büllelejochhütte, 2528 m;
05 Zsigmondyhütte, 2224 m

Die Bödenseen, Blick auf den Zwölferkofel.

der Nachmittagssonne. Natürlich kann man auch am Nachmittag zur Drei-Zinnen-Hütte aufsteigen und die herrliche Abendstimmung an den „Drei" genießen, um anderntags den Weiterweg unter die Füße zu nehmen. Dabei eröffnet sich die Möglichkeit, noch den einen oder anderen Gipfel „mitzunehmen": Klettersteigler werden den Paternkofel oder den Toblinger Knoten anpeilen (siehe Touren 13 und 15).

▶ Vom großen **Parkplatz** 01 im Fischleintal (1454 m) fast eben über den licht bewaldeten Fischleinboden zur **Talschlusshütte** 02 (1548 m), wo das Gros der Ausflügler ein- und umkehrt, dann westlich ansteigend ins Altensteintal. Bei der Weggabelung (1631 m) geradeaus. Zur Linken ragen die Nordwände von Einser (2698 m; Bergsturz von 2007) und Oberbachernspitzen (2677 m) in den Himmel, im Talhintergrund zeigen sich über der Bödenalpe die bizarren Zackenprofile von Paternkofel (2744 m) und Toblinger Knoten (2617 m). Zwischen diesen beiden Gipfeln, in der Senke des Toblinger Riedls (2405 m), steht die **Drei-Zinnen-Hütte** 03, die der viel begangene Weg, zuletzt nur mehr mäßig steigend, in einem weiten Linksbogen anpeilt. Und dann stehen sie da, die Drei Zinnen, aus dem weiten Geröllboden der Lange Alm aufsteigend – was für ein Bild!

Der Weiterweg führt unter dem mit zahlreichen Türmen und Zacken („Frankfurter Würstl") bestandenen Nordgrat des Paternkofels leicht bergab zur Bödenalpe mit ihren Seeaugen. Man quert die Geröllhänge unter den Bödenknoten, dann geht's auf ausgetretener Geröllspur steil bergan ins Büllelejoch (2522 m) mit Prachtblick zum wuchtigen Zwölfer (3094 m). Nur ein paar Gehminuten weiter nordöstlich steht die schmucke **Büllelejochhütte** 04 (2528 m). Ein aus dem Fels gesprengtes Band leitet flach zum nahen Oberbachernjoch (2519 m), wo sich ein stimmungsvoller Blick auf die Felskulisse des Bacherntals auftut. Breitmassig der Elfer (3092 m), von dem sich ein hoher Gratrücken südwärts über den

Zsigmondykopf (2998 m) und die Hochbrunnerschneid (3046 m) bis zum Monte Giralba (2995 m) hinzieht. Nicht zu übersehen ist der düstere Karwinkel des Inneren Lochs, durch den der Aufstieg zur Hochbrunnerschneid verläuft, ebenso die mächtige Geröllterrasse an der Westflanke des Elfers, über die der „Alpinisteig" (siehe

Drei-Zinnen-Hütte, Paternkofel und Drei Zinnen.

Tour 36) verläuft. Diese herrliche Aussicht begleitet den Wanderer nun auf dem Weg hinunter zur **Zsigmondyhütte** 05 (2224 m), die sich einer unvergleichlich schönen Lage vor dem Zwölferkofel (3094 m) erfreut. Vom Schutzhaus in ein paar Schleifen über steile und steinige Hänge bergab gegen das Bacherntal, dann hoch an seiner linken Flanke dahin, zuletzt wieder steiler hinunter bis zur Weggabelung am Eingang ins Altensteintal (1631 m). Auf dem Hinweg – an der **Talschlusshütte** 02 (1548 m) vorbei – zurück zum **Großparkplatz** 01 der großen Runde beim Hotel Dolomitenhof.

Auf Höhenwegen durch die Sextener Dolomiten

Eine Tour der Superlative, drei oder (besser) vier Tage zwischen Tal und (Dolomiten-)Traum, vom Misurinasee bis nach Sexten auf markierten Wegen und Klettersteigen. Routenverlauf: Col de Varda (2115 m; Sessellift von Misurina) – „Sentiero Bonacossa" – Rifugio Fonda Savio (2367 m) – Rifugio Auronzo (2320 m) – Lange Alm – Drei-Zinnen-Hütte (2405 m) – „De Luca-Innerkofler-Steig" – Paternkofel (2744 m) – „Schartenweg" – Büllelejoch (2522 m) – Büllelejochhütte (2528 m) – Zsigmondyhütte (2224 m) – „Alpinisteig" – Sextener Rotwand (2936 m) – Rotwandwiesen (1914 m; Gondellift nach Bad Moos). Reine Gehzeit etwa 18 Std., Wander- und Klettersteigausrüstung, Schlafsack-Inlet.

SCHUSTERPLATTE • 2957 m

Stiller Nachbar der Dreischusterspitze

17 km | 8:30 h | 1500 hm | 1500 hm | 58

START | Parkplatz Fischleinboden (1454 m), Zufahrt von Sexten (Bushalt), großer Parkplatz.
[GPS: UTM Zone 33 x: 297.570 m y: 5.171.560 m]
CHARAKTER | Lange und anstrengende Gipfeltour; guter Weg bis zur Bödenalpe bzw. zur Drei-Zinnen-Hütte, dann mit roten Punkten und Steinmännchen markierte Spur. Zwei kurze Kletterstellen (I). Fantastischer Blick zur Dreischusterspitze.

Der höchste Berg in den Sextener Dolomiten, die Dreischusterspitze (3145 m), bekommt nur recht selten Besuch. Zu lang, zu anstrengend sind die Aufstiege – also viel Mühen und kaum lohnende Kletterei, dazu zeichnet sich der „Schuster" (so nennen ihn die Einheimischen) nicht gerade durch festes Gestein aus. Das gilt für den gesamten, riesigen Gebirgsstock zwischen Innerfeld- und Fischleintal – immerhin der größte in den Sextenern! So bleiben die hell schimmernden Zinnen und Türme für die meisten schöne Kulisse. Eine Ausnahme macht die Schusterplatte (2957 m), die einen ordentlich markierten, nur mäßig schwierigen Anstieg besitzt. Lang ist der Weg zum Gipfel aber ebenfalls; wem die gut 1500 Höhenmeter zu viel sind, übernachtet in der Drei-Zinnen-Hütte.

▶ Vom großen **Parkplatz 01** im Fischleintal (1454 m) fast eben

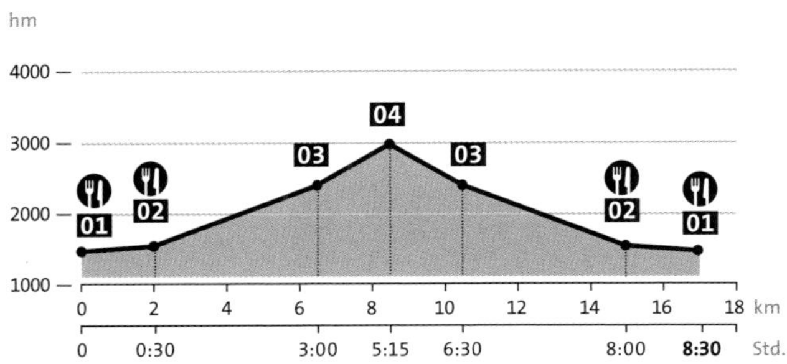

01 Parkplatz Fischleinboden, 1454 m; **02** Talschlusshütte, 1548 m; **03** Innichriedl, 2381 m; **04** Schusterplatte, 2957

Felsig, geröllbeladen: die Schusterplatte über dem Innichbacher Graben.

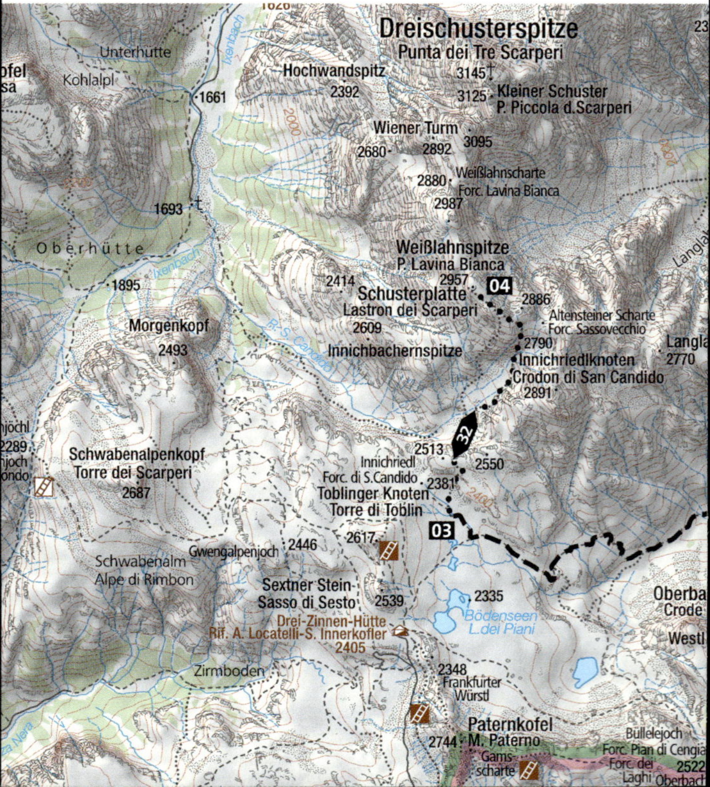

über den nur licht bewaldeten Fischleinboden zur **Talschlusshütte** 02 (1548 m), dann westlich ansteigend ins Altensteintal. Bei der Weggabelung (1631 m) geradeaus. Zur Linken ragen die Nordwände von Einser (2698 m; Bergsturz von 2007) und Oberbachernspitze (2675 m) in den Himmel, im Talhintergrund zeigen sich über der Bödenalpe die bizarren Felsprofile des Paternkofels (2744 m) und des Toblinger Knotens (2617 m). Über eine markante Geländestufe erreicht man die Höhe der Bödenalpe. Nun nicht links zur Drei-Zinnen-Hütte, sondern – Wegspuren folgend – über die steinigen Wiesen hinauf in die Senke des **Innichriedls** 03 (2381 m; Tafel). Rechts haltend auf einen grasigen Rücken und jenseits hinab in den Innichbacherngraben. Der markierte Steig gewinnt, teils im Zickzack, rasch an Höhe. Eine Felsstufe wird überraschend leicht überwunden (I); weiter bergan in das Schuttkar unterhalb der Altensteiner Scharte (2790 m). Hier links in eine Rinne, durch sie aufwärts, aber noch vor ihrem Ende links auf ein Band (I). Zuletzt leicht auf das geräumige, sanft ansteigende Gipfelplateau der **Schusterplatte** 04 (2957 m).

Abstieg: Nur auf dem Anstiegsweg.

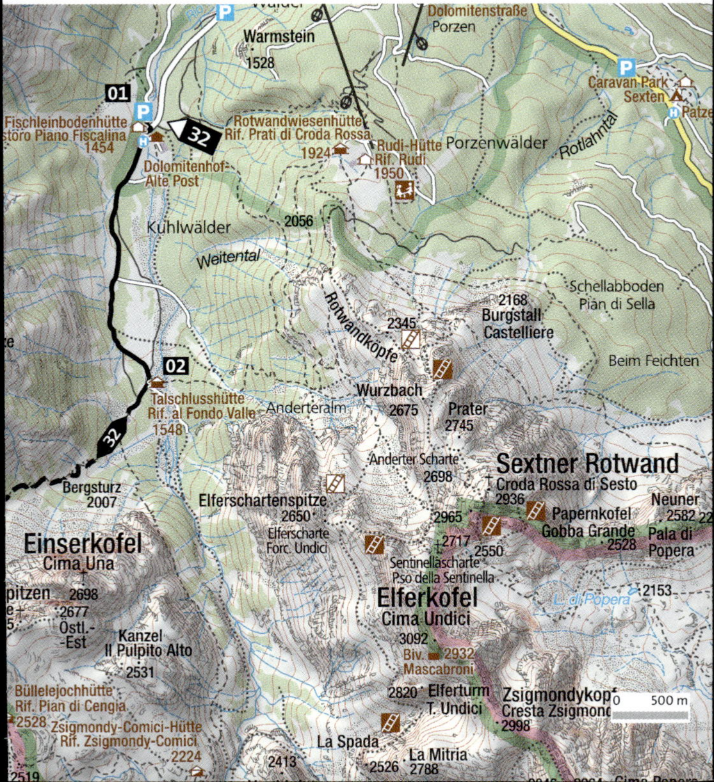

33

OBERBACHERNSPITZE • 2677 m

Aussichtskanzel im Herzen der Sextener

18 km | 7:15 h | 1220 hm | 1220 hm | 58

START | Parkplatz Fischleinboden (1454 m), Zufahrt von Sexten (Bushalt), großer Parkplatz.
[GPS: UTM Zone 33 x: 297.570 m y: 5.171.560 m]
CHARAKTER | Wenig schwierige Tour, allerdings recht langer Anstieg. Bei Nebel kann die Orientierung am Gipfelweg problematisch werden – nordseitig lauern wilde Abstürze!

Wandergipfel gibt es in den Sextener Dolomiten nur ganz wenige, doch wen erstaunt das schon angesichts der schroffen Zinnen, all der Mauern und Türme? Eine Ausnahme bilden die drei Oberbachernspitzen, die sich – wie der benachbarte Einser (2698 m) – vom Altensteintal aus ganz unnahbar geben, dafür aber eine „schwache“ Südflanke besitzen. So lässt sich ihre Ostkuppe über einen alten Kriegsweg leicht besteigen, nicht viel mehr als eine halbe Stunde von der Büllelejochhütte. Der Abstecher lohnt sich allemal, stehen doch die Oberbachernspitzen ziemlich genau im Zentrum der Sextener Berge und das bedeutet: herrlich freie Sicht. Besonders eindrucksvoll präsentiert sich die Felsumrahmung des Bacherntals mit Rotwand (2965 m), Elfer (3092 m), Hochbrunnerschneid (3046 m) und Zwölfer (3094 m); von hoher Warte aus erkennt man, dass der „Schuster“ die Spitze eines gan-

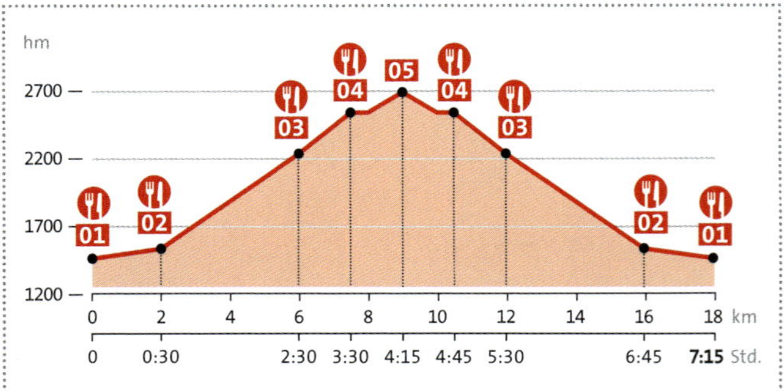

01 Parkplatz Fischleinboden, 1454 m; 02 Talschlusshütte, 1548 m;
03 Zsigmondyhütte, 2224 m; 04 Büllejochhütte, 2528 m,
05 Oberbachernspitze, 2677 m

zen Gebirges ist. Genau im Westen die Drei-Zinnen-Hütte mit dem Felsstummel des Toblinger Knotens (2617 m) rechts daneben; links hinter dem Paternkofel lugt dann auch noch das berühmteste Bergprofil südlich des Großglockners herein – jenes der Drei Zinnen.

▶ Vom **Parkplatz** 01 im Fischleintal (1454 m) wandert man zunächst über den flachen, nur licht bewaldeten Fischleinboden zur **Talschlusshütte** 02 (1548 m). An dem Haus vorbei und ansteigend zum Straßenende, dann auf rauem Weg weiter zur Weggabelung am Eingang ins Altensteintal. Hier links haltend (Tafel) über einen Latschenhang bis zum Felsfuß des Einsers (2698 m), dann hoch über dem Graben des Bachernbachs taleinwärts, wobei sich die Felskulisse immer eindrucksvoller entfaltet.

Oberhalb einer felsigen Geländestufe tritt dann auch der Zwölfer eindrucksvoll aus dem Schatten des Hochleist (schöner Rastplatz). Zuletzt in ein paar Schleifen an dem Schrofenhang hinauf zur **Zsigmondyhütte** 03 (2224 m). Weiter auf einem ehemaligen Kriegsweg über die steinige Oberbachernalm in einigen Schleifen bergan ins Oberbachernjoch (2519 m) und flach hinüber zur nahen **Büllelejochhütte** 04 (2528 m).

Der Gipfelanstieg beginnt gleich hinterm Haus; rote Punkte und Steinmännchen leiten über das wellige Karrengelände nördlich gegen den Kamm der Oberbachernspitzen. Rechts haltend unter einem Gratzacken hindurch und auf deutlicher Spur durch die Südflanke der mittleren Spitze; ein etwas düsterer Tunnel kann auch außen umgangen werden. Vorbei an einer Gratscharte und über den schrofendurchsetzten Hang zum Gipfel der östlichen **Oberbachernspitze** 05 (2677 m).

Abstieg: Auf dem Anstiegsweg.

Morgendämmerung. Am Gipfel der Oberbachernspitze, links die Drei Zinnen.

M. Casella di Dentro
2065
Haideck/Ex Forte
Ramischkofel
2596 Sextner Turm
2875 Torre di Sesto
Unterwiese
Nördl. Gsellknoten
Cima di Sesto-Nord
2870
Südl.Gsellknoten
Cima di Sesto-Sud
2446
Klapfegge
2373
Putschall
Mühlenhof
Bad Moos
Schützenstübele
Signaue
52
Mooser
Wälder
Rio Val Fiscalina
Warmstein
1528
Dolomi
Porzen
spitze
Scarperi
Kleiner Schuster
Piccola d.Scarperi
01
Fischleinbodenhütte
Ristoro Piano Fiscalina
1454
33
Rotwandwiesenhütte
Rif. Prati di Croda Rossa
1924
Rudi-Hütte
Rif. Rudi
1950
Dolomitenhof
Alte Post
Kühlwälder
2056
Weitental
Langlahn
2886
Altensteiner Scharte
Forc. Sassovecchio
2790
Langlahnspitze
2770
Innichriedlknoten
Crodon di San Candido
2891
Rotwandköpfe
2345
02
Talschlusshütte
Rif. al Fondo Valle
1548
Anderteralm
Wurzbach
2675
Anderter Scharte
2698
Bergsturz
2007
Elferschartenspitze
2650
Elferscharte
Forc. Undici
2965
2717
Sentinellascharte
P.so della Sentinella
Einserkofel
Cima Una
Oberbachernspitzen
Crode Fiscaline
2698
2677
05
2675
Östl.-
-Est
Westl.
2635
Kanzel
Il Pulpito Alto
2531
Elferkofel
Cima Undici
3092
Biv.
2933
Mascabroni
Büllelejochhütte
Rif. Pian di Cengia
2528
04
Büllelejoch
Forc. Pian di Cengia
2522
Forc. dei Laghi
Oberbachernjoch
P.so Fiscalino
2519
Zsigmondy-Comici-Hütte
Rif. Zsigmondy-Comici
2224
2820
Elfert
T. Und
La Spada
2526
La Mitria
2788
2413
03
Hochleist
La Lista
Inneres
Busa di
L. di Cengia
Sandebühel
2212
2584
Collerena
2607
Sandebüheljoch
P.so del Collerena
2425
Passaporto
M.Cengia
2559
2524
Zwölferkofel
Cima Dodici
3094
Zwölferscharte
Forc. Croda dei Toni
Eissee
2752
Forc. Giralba
2431
Mont
di Sop
2917
Kleiner Zwölfer
P.la Croda dei Toni
3023
Rif. G. Carducci
2297
Croda A.Berti
3029
Lago Nero
Cima Sud
2945
C. d'Auronzo
2914
Biv. A. T. De Toni
0 500 m
Cason Cengia Bassa
1602
2604
2558
Camp di Val dei Toni
2386

Was für ein Berg! Der Zwölfer mit seiner Nordwand.

HOCHBRUNNERSCHNEID • 3046 m

Ein Dreitausender mit Weg?

20 km | 10:30 h | 1600 hm | 1600 hm | 58

START | Parkplatz Fischleinboden (1454 m), Zufahrt von Sexten (Bushalt), großer Parkplatz.
[GPS: UTM Zone 33 x: 297.570 m y: 5.171.560 m]
CHARAKTER | Anstrengende Gipfeltour, technisch nur mäßig schwierig (Stellen I), aber sehr lang. Tadellose Kondition und ein sicherer Tritt sind unerlässlich; im Aufstieg aus dem Inneren Loch viel „lebendiges" Geröll. Nur bei ganz sicherem Wetter gehen; eventuell mit Nächtigung auf der Zsigmondyhütte.

„Hochbrunnerschneide (3061 m österr. M.; Monte Popera 3045 m ital. M.); einer der leichtesten der höheren Dolomitgipfel, auch für Mindergeübte. Aussicht über die umliegenden Dolomitgruppen von großer Schönheit, das Hochbelvedere der Sextener Dolomiten. – Ersteigungsgeschichte: Erste Ersteigung M. Holzmann mit Santo Siorpaes im Jahre 1874; erster Abstieg durch die Nord-Eisschlucht (fälschl. Ostwand!) durch Oscar Schuster mit H. Moser 8. Juli 1893; Nordostwand G. und M. Mayer mit Angelo Dibona, Luigi Rizzi und Ignaz Schranzhofer 26. August 1911." Soweit der „Hochtourist" von 1929, in dem auch der „leichte" Normalanstieg beschrieben wird. Zu jener Zeit muss ins Innere Loch noch ein richtiger Gletscher eingebettet gewesen sein – davon ist lediglich ein küm-

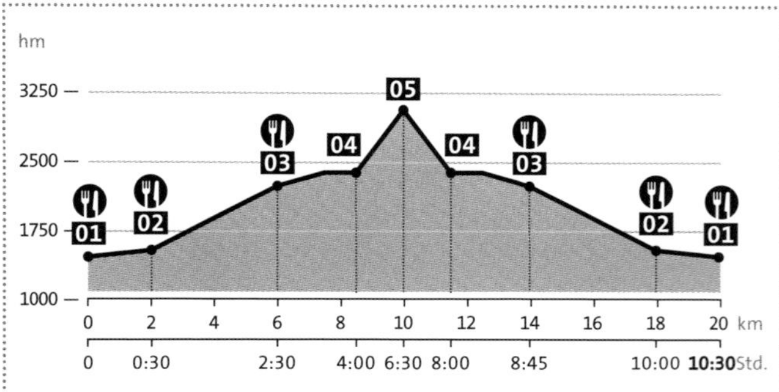

01 Parkplatz Fischleinboden, 1454 m; 02 Talschlusshütte, 1548 m;
03 Zsigmondyhütte, 2224 m; 04 Inneres Loch, 2370 m;
05 Hochbrunnerschneid, 3046 m

Im Morgenschatten: Elfer, Zsigmondykopf und Hochbrunnerschneid.

merliches Schneefeld übrig geblieben. Dafür gibt's jetzt reichlich Geröll am Weg zum Grat...

▶ Vom **Parkplatz** 01 im Fischleintal (1454 m) wandert man zunächst über den flachen, nur licht bewaldeten Fischleinboden zur **Talschlusshütte** 02 (1548 m). An dem Haus vorbei und ansteigend zum Straßenende, dann auf rauem Weg weiter zur Weggabelung am Eingang ins Altensteintal. Hier links haltend (Tafel) über einen Latschenhang bis zum Felsfuß des Einsers (2698 m), dann hoch über dem Graben des Bachernbachs taleinwärts, wobei sich die Felskulisse immer eindrucksvoller entfaltet.

Oberhalb einer felsigen Geländestufe tritt dann auch der Zwölfer eindrucksvoll aus dem Schatten des Hochleist (schöner Rastplatz). Zuletzt in ein paar Schleifen an dem Schrofenhang hinauf zur **Zsigmondyhütte** 03 (2224 m).

Auf deutlicher Geröllspur unter den Nordabstürzen des Zwölfers (3094 m) schräg bergan zum gelegentlich ausgetrockneten Eissee (2326 m) und über den Ansatzpunkt des Hochleist-Rückens zur Mündung des **Inneren Lochs** 04. Hier auf deutlichem Steiglein (Steinmännchen) in das felsumstandene Kar und bergan, bis Spuren links auf eine breite Rinne zulaufen. Das Steiglein ist hier nur noch in Teilen erhalten, weshalb man den unteren Teil der Rinne besser rechts über das Schneefeld geht (bis zur Eisenstange). Anschließend sind noch 200 Höhenmeter auf ziemlich beweglicher Unterlage zu bewältigen, bis die Felsen erreicht werden. Über Bänder aufwärts zu einer engen Rinne und an ihrem linken Rand

1549
Wälder
1339
Moos
Moso
Hotel Rainer
Klammbachhütte
Rif. Klammbach
1944
ehem.Werk
Haideck/Ex Forte
Ramischkofel
Sextner Bach
Putschall
Mühlenhof
Bad Moos
Unterwiese
Schützenstüberle
Signaue
52
1756
Moscherbach
Moschermauern 1780
Klapfegge
Mooser
Wälder
Rio Val Fiscalina
Karnische
Dolomitenstraße
Porzen
Warmstein
1528
Caravan-Park
Sexten
Patzenfeld
01
Fischleinbodenhütte
Ristoro Piano Fiscalina
1454
34
Rotwandwiesenhütte
Rif. Prati di Croda Rossa
1924
Rudi-Hütte
Rif. Rudi
1950
Porzenwälder
Rotlahntal
Dolomitenhof-
Alte Post
2056
Kuhlwälder
Weitental
Rotwandköpfe
2168
Burgstall
Castelliere
Schellabboden
Pian di Sella
2345
nspitze
02
Beim Feichten
Talschlusshütte
Rif. al Fondo Valle
1548
Anderteralm
Wurzbach
2675
Prater
2745
Anderter Scharte
2698
Sextner Rotwand
Croda Rossa di Sesto
2936
Bergsturz
2007
Elferschartenspitze
2650
Elferscharte
Forc. Undici
2965
Papernkofel
Gobba Grande
2528
Neuner
2582
2291
Pala di
Popera
2298
2717
2550
Sentinellascharte
P.so della Sentinella
Einserkofel
Cima Una
2698
2677
Östl.-
-Est
2675
2635
L. di Popera
2153
Elferkofel
Cima Undici
3092
Biv. 2932
Mascabroni
Kanzel
Il Pulpito Alto
2531
Büllelejochhütte
Rif. Pian di Cengia
2528
Zsigmondy-Comici-Hütte
Rif. Zsigmondy-Comici
2224
2820
Elferturm
T. Undici
Zsigmondykopf
Cresta Zsigmondy
2998
La Spada
La Mitria
2788
2413
2526
05
3046
2964
Cima Popera
2519
03
Hochleist
La Lista
Inneres Loch
Hochbrunnerschneid
Monte Popera
Sandebühel
2212
04
Busa di Dentro
2584
Collerena
2607
Sandebüheljoch
P.so del Collerena
2425
Monte Giralba
di Sopra
2752
2995
Cengia
2524
Zwölferkofel
Cima Dodici
3094
Eissee
2981
Zwölferscharte
Forc. Croda dei Toni
Forc. Giralba
2431
Monte Giralba
di Sotto
2917
Kleiner Zwölfer
P.la Croda dei Toni
Camp di Pope
3023
Rif. G. Carducci
2297
Biv. Battaglione
Cadore
2250
2892
Croda A. Berti
3029
Lago
Nero
2418
Cima Sud
2945
Cengia Bassa
2604
2558
C. d'Auronzo
2914
0 550 m
l dei Toni
Biv. A. T. De Toni
2567
Forc. de l'Agnel
P.de l'Agnel
Forc. Maria
2408
2724
Cime Pezzios
Pala del Marden
2439
Bastioi

in leichter Kletterei (I) hinauf in leichteres Gelände. Nun im Zickzack zum Grat, wo sich ein faszinierender Tiefblick in den Vallon Popera auftut. Rechts über den breiten Nordgrat unschwierig zur ausgedehnten Gipfelfläche der **Hochbrunnerschneid** 05 (3046 m) und zum großen Panorama.

Abstieg: Nur über den Anstiegsweg!

Das Innere Loch.

HINAB INS FISCHLEINTAL

Einstieg von oben

9 km | 3:00 h | 230 hm | 790 hm | 58

START | Bergstation des Rotwandwiesen-Gondellifts (1914 m). [GPS: UTM Zone 33 x: 299.050 m y: 5.171.300 m]
CHARAKTER | Aussichtsreiche Höhenwanderung mit steilem Talabstieg und gemütlichem Auslauf. Teleskopstöcke für den Abstieg zur Talschlusshütte empfehlenswert! Prächtige Schau über die Bergumrahmung des Fischleintals.

Die Rotwandwiesen schauen vor allem nach Norden, übers Sextener Tal zum Helm, die attraktivsten Dolomitengipfel stehen aber im Westen und Süden. So wandern viele taleinwärts, was auf schönen Hangwegen möglich ist. Aus der Anderteralm führt dann ein steiler Pfad hinunter zur Talschlusshütte, wo man (fast) die ganze Sextener Bergherrlichkeit im Blick hat: Dreischusterspitze (3145 m), Einser (2698 m), Zwölfer (3094 m) und Elfer (3092 m). – Beim Rückweg nach Bad Moos wird man sich dann öfters umdrehen, nochmals nach den hellgrauen Zinnen gucken – und staunen: Was für eine Wunder-Wanderwelt!

Von der Seilbahnstation auf den **Rotwandwiesen** 01 (1914 m) – vorbei an der Rudihütte – kurz abwärts, dann auf breitem Wiesenweg bergan zu einer Wegspinne (1950 m; Tafeln). Nun rechts und um die Ausläufer der Rotwandköpfe herum. An ihrer Westflanke weiter ansteigend zu einem herrlichen **Aussichtspunkt** 02 (2154 m)

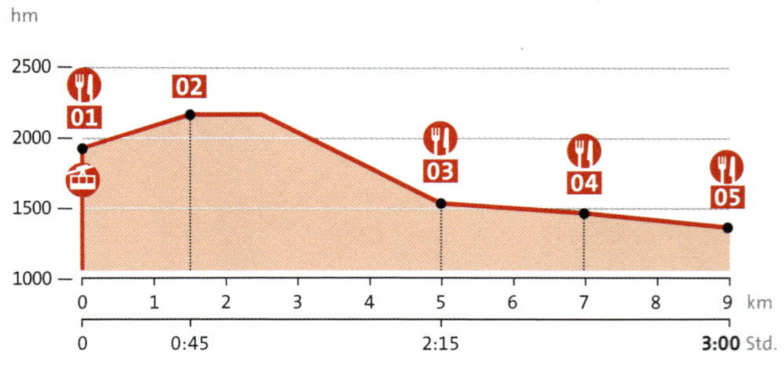

01 Rotwandwiesen, 1914 m; 02 Aussichtspunkt, 2154 m; 03 Talschlusshütte, 1548 m; 04 Parkplatz Fischleinboden, 1454 m; 05 Bad Moos, 1353 m

und weiter unter den Rotwandköpfen, allmählich etwas an Höhe verlierend, in den Karwinkel oberhalb der Anderteralm. Hier mündet der Abstiegsweg (Tafel); er leitet bergab ins Almgelände und dann durch Latschen und lichten Wald steil hinunter ins innerste Fischleintal mit der viel besuchten **Talschlusshütte** 03. Auf der Sandstraße spaziert man über den Fischleinboden talauswärts zum **Parkplatz** 04 beim Dolomitenhof (1454 m). Nun links des Fischleinbachs auf dem Fahrweg zurück nach **Bad Moos** 05 (1353 m).

Der höchste Gipfel der Sextener, über dem Fischleintal in den Himmel ragend: die Dreischusterspitze.

Spazieren unter den Rotwandköpfen

Wer den Steilabstieg zur Talschlusshütte scheut, kann auch an der Westflanke der Rotwandköpfe wandern: Drei parallel verlaufende Wege lassen sich dabei zu kleinen, aber sehr aussichtsreichen Runden verbinden. Sie führen jeweils zurück zu den Rotwandwiesen; Gehzeit etwa 2 Std.

DER ALPINISTEIG

Die berühmteste Felspromenade der Sextener Dolomiten

18 km | 6:45 h | 690 hm | 1250 hm | 58

START | Bergstation des Rotwandwiesen-Gondellifts (1914 m). [GPS: UTM Zone 33 x: 299.050 m y: 5.171.300 m]
CHARAKTER | Anspruchsvolle, auch recht lange Tour; absolute Schwindelfreiheit und ein sicherer Tritt sind unerlässlich! Das Salvezza-Band (Drahtseile) verläuft quer durch senkrechte Felswände – nichts für Ängstliche. Selbstsicherung unbedingt ratsam, ebenso ein Helm!

Quer durch die Sextener Dolomiten verlief im Ersten Weltkrieg die Alpenfront, und so stößt man bei Wanderungen allenthalben auf Überreste alter Stellungen. Auch die „Strada degli Alpini" ist ein Relikt jener unseligen Zeit – und heute fraglos einer der eindrucksvollsten Steige in den Dolomiten. Seine Hauptschwierigkeiten liegen in der (oft vereisten) Nordflanke des Elfers; wer die Tour an den Rotwandwiesen startet und bei der Elferscharte in den „Alpinisteig" einfädelt, meidet diese heiklen Passagen, ohne wesentliche Abstriche am Landschaftserlebnis machen zu müssen. Großartig die Traverse der Elfer-Westflanke zum Äußeren Loch, einmalig dann der Gang auf schmalen Felsbändern zum Inneren Loch. Und hinterher, beim Abstieg von der Zsigmondyhütte, kann man nochmals hinü-

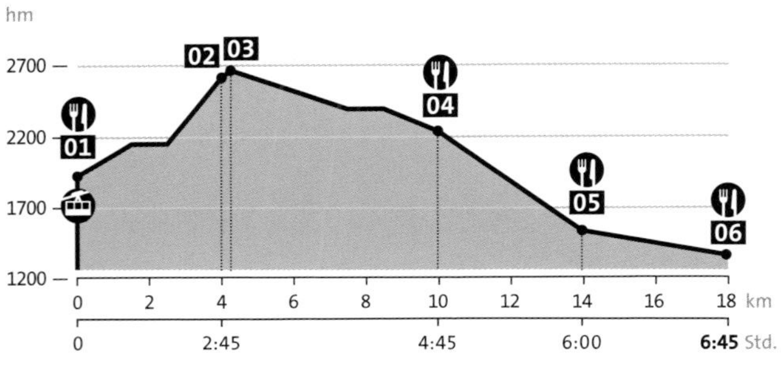

01 Rotwandwiesen, 1914 m; 02 Elferscharte, 2600 m; 03 Elferscharten-schulter, 2650 m, 04 Zsigmondyhütte, 2224 m; 05 Talschlusshütte, 1548 m; 06 Bad Moos, 1353 m

Am Weg ins Innere Loch; Blick auf Einser und Dreischusterspitze.

berschauen in die Felswildnis des Elfers und zu jener schmalen Linie, die fast horizontal durch senkrechte Abbrüche verläuft. Schon eine tolle Route, der „Alpinisteig"!

▶ Von der Liftstation (1914 m) auf den **Rotwandwiesen** **01** folgt man zunächst dem breiten Pfad, der – vorbei an der Rudihütte – südlich zu einer Wegspinne führt (Tafeln).

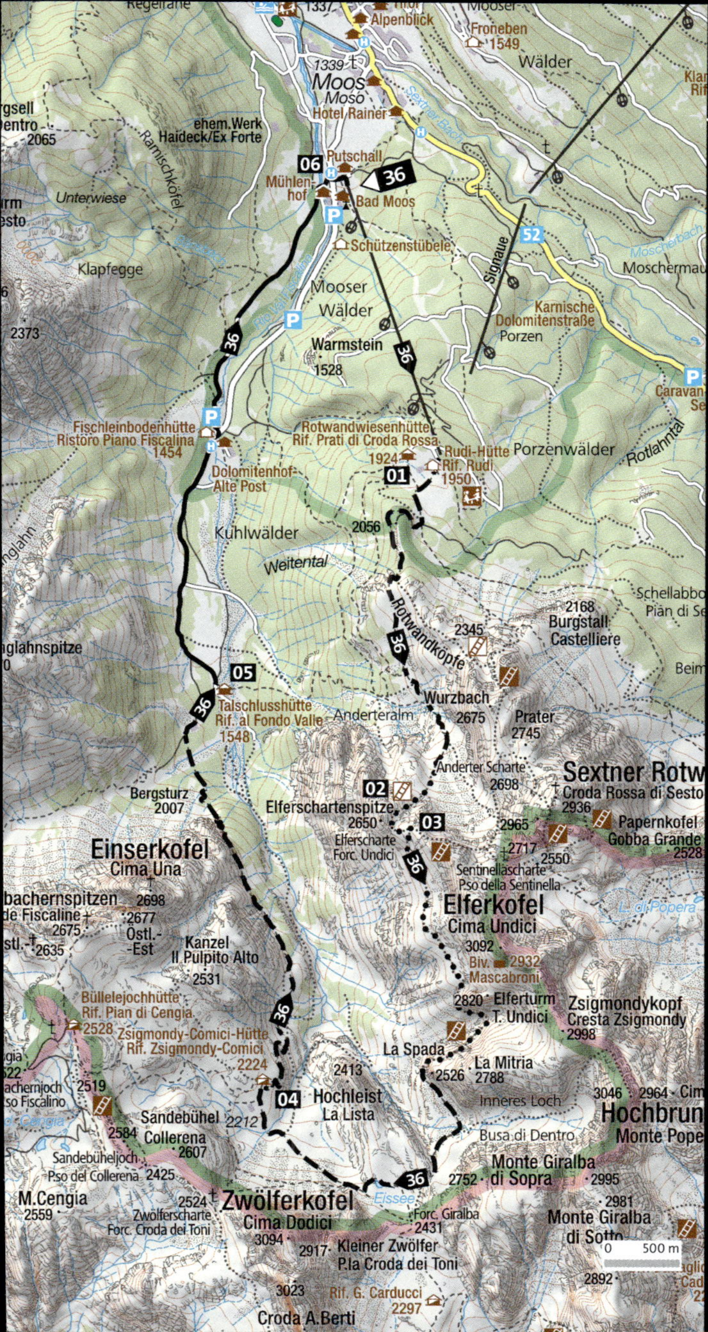

Moos
Moso
1339
Hotel Rainer
Alpenblick
Froneben
1549
Wälder
ehem.Werk
Haideck/Ex Forte
Ramischkofel
Unterwiese
Putschall
Mühlenhof
Bad Moos
06
36
52
Schützenstübele
Klapfegge
2373
Mooser
Wälder
Warmstein
1528
Signaue
Karnische
Dolomitenstraße
Porzen
Moschermau
Sextner Bach
Fischleinbodenhütte
Ristoro Piano Fiscalina
1454
Rotwandwiesenhütte
Rif. Prati di Croda Rossa
1924
Rudi-Hütte
Rif. Rudi
1950
01
Porzenwälder
Rotlahntal
Dolomitenhof-
Alte Post
Kuhlwälder
2056
Weitental
Rotwandköpfe
2345
2168
Burgstall
Castelliere
Schellabbo
Pian di Se
05
Talschlusshütte
Rif. al Fondo Valle
1548
Anderteralm
Wurzbach
2675
Prater
2745
Anderter Scharte
2698
Sextner Rotw
Croda Rossa di Sesto
2936
Bergsturz
2007
02
Elferschartenspitze
2650
03
Elferscharte
Forc. Undici
2965
2717
2550
Papernkofel
Gobba Grande
2528
Sentinellascharte
P.so della Sentinella
Einserkofel
Cima Una
2698
2677
2675
2635
Ostl.-
-Est
Kanzel
Il Pulpito Alto
2531
Elferkofel
Cima Undici
3092
Biv.
2932
Mascabroni
L. di Popera
2820
Elferturm
T. Undici
Zsigmondykopf
Cresta Zsigmondy
2998
Büllelejochhütte
Rif. Pian di Cengia
2528
Zsigmondy-Comici-Hütte
Rif. Zsigmondy-Comici
2224
2413
La Spada
2526
La Mitria
2788
2519
04
Hochleist
La Lista
Inneres Loch
3046
2964
Hochbrun
Monte Pope
Sandebühel
2212
Collerena
2607
2584
Busa di Dentro
Sandebüheljoch
P.so del Collerena
2425
Monte Giralba
di Sopra
2752
2995
M.Cengia
2559
2524
Zwölferkofel
Eissee
Zwölferscharte
Forc. Croda dei Toni
Cima Dodici
3094
Forc. Giralba
2431
2981
Monte Giralba
di Sotto
2917
Kleiner Zwölfer
P.la Croda dei Toni
0
500 m
2892
3023
Rif. G. Carducci
2297
Croda A.Berti

Hier rechts aufwärts und um die Ausläufer der Rotwandköpfe herum. An der Westseite des felsigen Kamms mit freier Sicht auf das gewaltige Massiv der Dreischusterspitze (3145 m) taleinwärts zur Anderteralm, wo ein von der Talschlusshütte heraufkommender Steig mündet. Mit der Markierung 124 in das Geröllkar unter der Sentinellascharte und rechts haltend im Zickzack steil hinauf in die **Elferscharte** **02** (ca. 2600 m).

Nun mit Drahtseilhilfe über eine Felsstufe hinauf zum Alpinisteig bzw. zur **Elferschartenschulter** **03** (2650 m). Er führt über die mächtige Geröllterrasse unter dem Elfer (3092 m) in den Karwinkel des Äußeren Lochs. Über den Graben (meistens Schneereste) und auf schmalen Bändern durch die Nordabstürze der Mitra (2788 m). Sehr ausgesetzt auf dem Salvezza-Band (berühmtes Fotomotiv) ins Innere Loch und über die Fels- und Geröllböden (Gegenanstieg) in weitem Bogen unter dem Giralbajoch (2431 m) hindurch – rechts der winzige Eissee – zur **Zsigmondyhütte** **04** (2224 m). Auf dem Hüttenweg an der linken Flanke des Bacherntals hinab zur **Talschlusshütte** **05** (1548 m) und durch das Fischleintal zurück zur Talstation des Rotwandwiesenlifts bei **Bad Moos** **06** (1353 m).

Ein berühmtes Dolomitenmotiv: am „Alpinisteig“.

SEXTENER ROTWAND • 2936 m

Klettersteigerlebnis am Zehner der „Sextener Sonnenuhr“

8 km 5:45 h 1100 hm 1100 hm 58

START | Bergstation des Rotwandwiesen-Gondellifts (1914 m). [GPS: UTM Zone 33 x: 299.050 m y: 5.171.300 m]
CHARAKTER | Der Klettersteig auf die Sextener Rotwand gilt als mäßig schwierig, ist auch bestens gesichert. Viel Gehgelände, Drahtseile und ein paar Eisenleitern; landschaftlich überaus lohnend. Man geht die Route nur mit Selbstsicherung (Klettersteigset)!

Als einziger Gipfel der berühmten Sextener Sonnenuhr hat die Rotwand – der Zehner – einen vergleichsweise leichten Anstieg. Der ist gesichert und wird zudem durch den Rotwandwiesen-Gondellift auf ein gut verträgliches Tagespensum verkürzt: ca. 1000 Hm, unterwegs einige Spannung (wie geht's weiter?) und jede Menge Aussicht. Da verwundert es kaum, dass sich an schönen Sommertagen oben vor dem großen Panorama die Gipfelstürmer dutzendweise treffen.

▶ Die beliebte Tour führt von der Liftstation auf den **Rotwandwiesen** 01 (1914 m) kurz abwärts, dann auf breitem Wiesenweg bergan zu einer Wegspinne (1950 m; Tafeln). Hier rechts und um die Ausläufer der Rotwandköpfe herum. An der Westseite des felsigen Kamms ansteigend zu einer Verzweigung. In ein paar

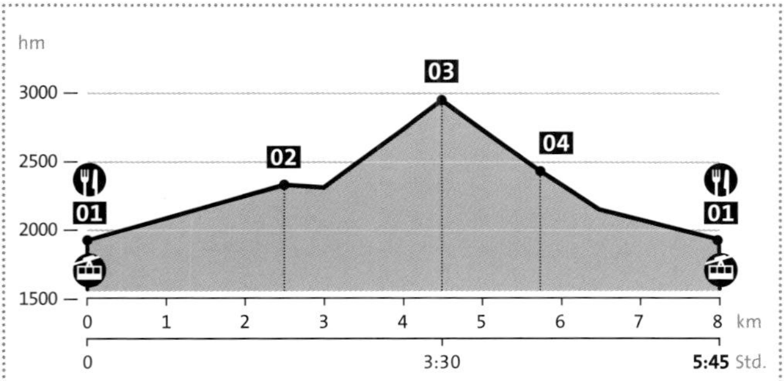

01 Rotwandwiesen, 1914 m; 02 Rotwandköpfe, 2320 m,
03 Sextener Rotwand, 2936 m; 04 Verzweigung, 2420 m

Kehren zwischen Latschen auf den Grat, an den **Rotwandköpfen 02** (2320 m) – zuletzt absteigend – in einen schattigen Winkel. Leitern helfen über einen steilen Felsaufschwung in das Kar unter dem Wurzbachgipfel (2675 m), wo der alternative Zustieg vom Burgstall einmündet. Auf markierter Spur im Geröll zu den Felsen; an Drahtseilen durch eine Rinne und über Schrofen aufwärts, zuletzt nach rechts querend. Ein Band führt dann aus der namenlosen Senke im Rücken des Wurzbachs durch die dem Fischleintal zugewandte Felsflanke zur Anderterscharte (2698 m). Links haltend über Geröll (Kriegsrelikte) zur gestuften Gipfelwand, die man mit Hilfe von Drahtseilen ersteigt (Schlüsselstelle). Zuletzt leitet die Wegspur links zum Klettersteiggipfel der **Sextener Rotwand 03** (2936 m) mit großem Kreuz. Der Hauptgipfel (Vinatzerturm, 2965 m) bleibt rechts, wird nicht betreten.

Beim Abstieg folgt man dem Anstiegsweg bis zur **Verzweigung 04** unter dem Wurzbachgipfel; hier rechts (Hinweis) durch eine Steilrinne (Drahtseile) hinunter gegen den Burgstall und auf gutem Pfad zurück zur Liftstation auf den **Rotwandwiesen 01**.

Im Aufstieg zur Rotwand: Überreste einer Barackensiedlung aus dem Ersten Weltkrieg.

Auf der Sextener Rotwand; Blick übers Sextental auf den Karnischen Kamm.

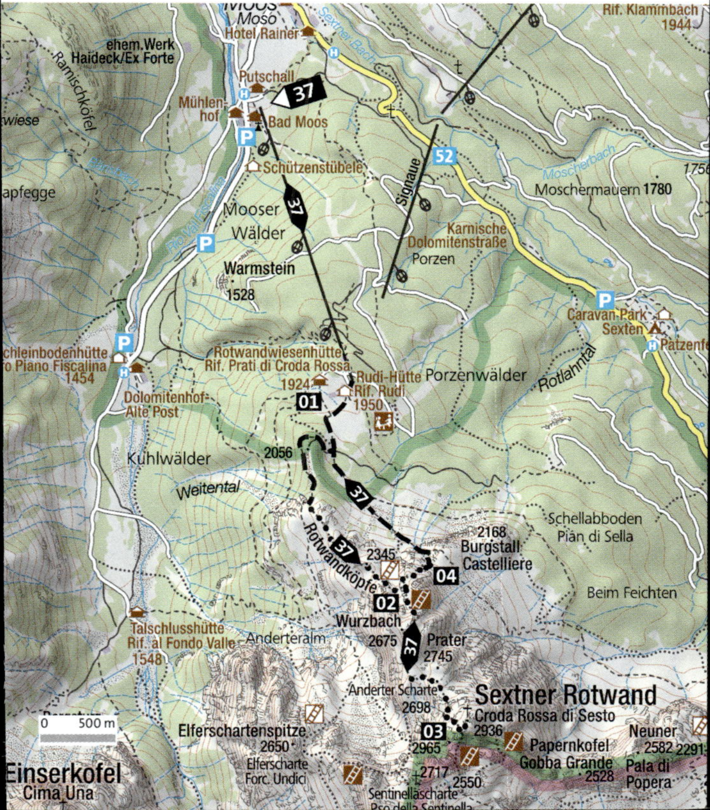

KREUZBERGPASS

Höhenspaziergang unter der Rotwand

11,75 km | 4:15 h | 380 hm ↗ | 380 hm ↘ | 58

START | Bergstation des Rotwandwiesen-Gondellifts (1914 m). [GPS: UTM Zone 33 x: 299.050 m y: 5.171.300 m]
CHARAKTER | Wenig anstrengende Höhenwanderung, auch gut für Familien geeignet. Vom Kreuzbergpass kann man alternativ mit dem SAD-Bus nach Sexten zurückfahren.

Über den Kreuzbergpass (1636 m) verläuft nicht nur die Grenze zwischen Südtirol und der Provinz Belluno, zwischen deutsch und italienisch; die flache Wasserscheide trennt auch hellen Dolomit von

Quarzphyllit. Das lässt sich deutlich am Landschaftsbild ablesen: im Südwesten zerklüftet-wilde Kalkmauern, während nach Norden, zum Karnischen Hauptkamm hin, sanfte Formen vorherrschen, Grün überwiegt. Zwischen Felsgrau und Wiesengrün bewegt sich auch die Höhenwanderung von den Rotwandwiesen zum Kreuzbergpass. Zur Linken ragen die Wände der Sextener Rotwand und ihrer Trabanten in den Himmel, links breiten sich die weiten Wälder und Almböden am Fuß des Karnischen Kamms aus. Besonders schön ist die Wanderung im Herbst, wenn sich die Lärchen verfärben und die hohen Gipfel bereits ihre Sahnehäubchen aufhaben.

▶ Von der Liftstation auf den **Rotwandwiesen** **01** (1914 m) – vorbei an der Rudihütte – kurz abwärts, dann auf breitem Wiesenweg bergan zu einer Wegspinne (1950 m; Tafeln). Hier geradeaus zu einer weiteren Verzweigung (2002 m), dann leicht ab- und wieder ansteigend um den felsigen Burgstall (2168 m) herum. Hinter dem Schellaboden verliert der Weg wieder etwas an Höhe; unter den mächtigen Felsabstürzen der Sextener Rotwand und des Neuners (2582 m) quert er über Geröllhänge und durch Blockgelände bis unter

Arzalpenkopf und Neuner vom Weg zum Kreuzbergsattel.

den Arzalpensattel. An der doppelten **Verzweigung** 02 (1906 m, Tafel) links und im Wald bergab. Unweit des Bärensees stößt man auf eine Sandstraße, die hinabläuft zum **Kreuzbergpass** 03 (1636 m).

Der Rückweg zu den Rotwandwiesen (Markierung 18) führt aus dem offenen Passgelände auf einem breiten Fahrweg zunächst flach zum Weißbach. Man quert zwei Gräben und stößt dann auf eine Forstpiste, die leicht ansteigend zu einer Lichtung am Rand des Schellabodens leitet. Weiter auf gutem Steig durch die herrlichen Lärchenhaine zur eingangs erwähnten Wegspinne und zurück zur Liftstation auf den **Rotwandwiesen** 01.

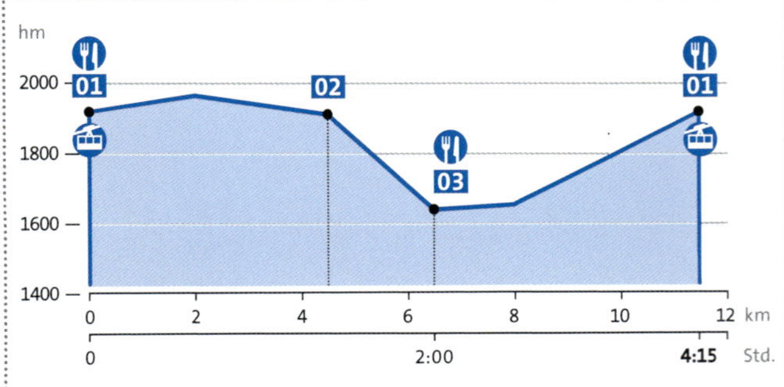

01 Rotwandwiesen, 1914 m; 02 Verzweigung, 1906 m; 03 Kreuzbergpass, 1636 m

ALPE-NEMES-HÜTTE • 1877 m

Almwandern mit Aussicht

16 km | 5:15 h | 790 hm | 790 hm | 58

START | Moos (1339 m), Ortsteil von Sexten an der Straße zum Kreuzbergpass (Bushalt).
[GPS: UTM Zone 33 x: 298.550 m y: 5.174.210 m]
CHARAKTER | Wenig anstrengende, aber recht lange Almwanderung auf guten Wegen (teilweise Sandstraßen).

Die größten und schönsten Almreviere von Sexten liegen im Osten, nahe der Provinzgrenze unter dem Karnischen Hauptkamm. Wer hinauffährt zum Kreuzbergpass bekommt eine Ahnung von den stillen Schönheiten dieses Landstrichs mit seinen Lärchenwäldern und den ausgedehnten Almwiesen. In der Nähe der Nemesalm (1877 m) entdeckt man ein ganz spezielles Biotop, ein Hochmoor, das heute unter Naturschutz steht (Seikofel – Nemesalm). Und was die Almwirtschaft liefert – auch Natur im guten Sinne –, kommt in den Einkehrstationen gleich auf den Tisch: Milch, Käse. Probieren Sie mal!

Beliebt: die Nemes-Alpe-Hütte.

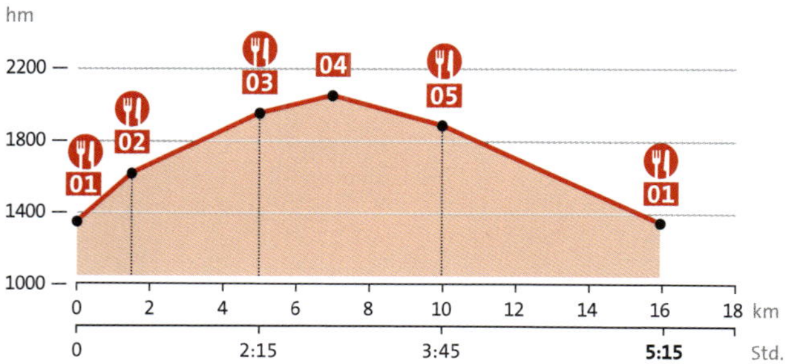

01 Sexten-Moos, 1339 m; 02 Helmhanghütte, 1610 m; 03 Klammbachhütte, 1944 m; 04 Punkt, 2041 m; 05 Alpe-Nemes-Hütte, 1877 m

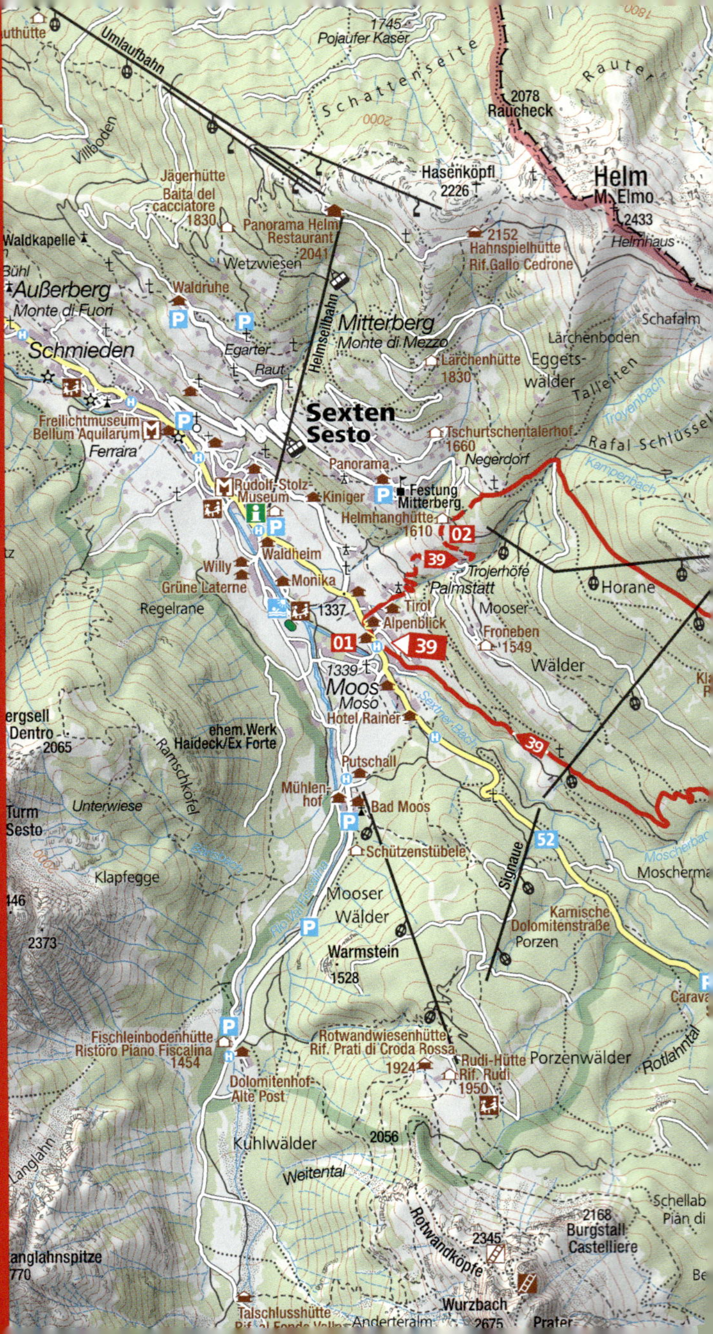
Umlaufbahn
1745 Pojaufer Kaser
Schattenseite
Rauter
2078 Raucheck
Villboden
Jägerhütte Baita del cacciatore 1830
Panorama Helm Restaurant 2041
Hasenköpfl 2226
Helm M. Elmo 2433
Helmhaus
2152 Hahnspielhütte Rif. Gallo Cedrone
Waldkapelle
Bühl
Außerberg Monte di Fuori
Wetzwiesen
Waldruhe
Schmieden
Egarter
Raut
Helmseilbahn
Mitterberg Monte di Mezzo
Lärchenhütte 1830
Schafalm
Lärchenboden
Eggetswälder
Talleiten
Freilichtmuseum Bellum Aquilarum
Ferrara
Sexten Sesto
Tschurtschentalerhof 1660
Negerdorf
Rafal Schlüssel
Trovenbach
Kampenbach
Panorama
Rudolf-Stolz-Museum
Kiniger
Festung Mitterberg
Helmhanghütte 1610
02
39
Trojerhöfe
Palmstatt
Horane
Waldheim
Willy
Grüne Laterne
Monika
Regelrane
1337
Tirol
Alpenblick
Mooser
Froneben 1549
Wälder
01
39
1339
Moos Moso
Hotel Rainer
Sextner Bach
39
ergsell Dentro 2065
ehem. Werk Haideck/Ex Forte
Ramschköfel
Putschall
Mühlenhof
Bad Moos
Turm Sesto
Unterwiese
Schützenstübele
52
Signaue
Moscherma
Klapfegge
Mooser Wälder
Rio Valfiscalina
Karnische Dolomitenstraße
Porzen
2373
Warmstein 1528
Carava
Fischleinbodenhütte Ristoro Piano Fiscalina 1454
Rotwandwiesenhütte Rif. Prati di Croda Rossa 1924
Rudi-Hütte Rif. Rudi 1950
Porzenwälder
Rotlahntal
Dolomitenhof Alte Post
Kuhlwälder
2056
Weitental
Langlahn
Schellab Pian di
2168 Burgstall Castelliere
2345
Rotwandköpfe
anglahnspitze 770
Talschlusshütte
Anderteralm
Wurzbach 2675
Prater

Gärberplatz
Zirmrast
Hollbrucker Eggewiesen
2124
Sattel
Leckfeldalm
1925
Wssf.
2125
2043
Scheibeneck
2269
1526
Fülhornsee
Sillianer Hütte
2447
Hochgruben
2538
Zenzerspitze
2393
Obermahdsattel
2467
Hornischegg
M. Arnese
2550
Hollbrucker Seen
Hollbrucker Egg
2573
Ochsenboden
1955
Tonrast
2354
2580
Hollbrucker Spitze
C. di Pontegrotta
Blauer See
Widerschwing
2395
2568
Hochgranten Seen
Pullkopf
2381
Krieger friedhof
2429
Hochgrantenjoch
Sella di Nemes
Demut
2592
Schöntalhöhe
2635
Korwiese
Pfandleck
39
1944
03
2000
Roteck
Monte Rosso
2390
Nemesalm
04
Purnwald
Schalle
Fullbach
Steinmann
2217
Altherbige
Feldraleite
1756
1828
Almbach
Sausbeerwald
Seikofel
1908
Hochmoos
39
Alpe-Nemes-Hütte
Rif. Malga di Nemes
1877
05
Grenzbach
Patzenfeld
1974
Schwarzsee
1741
Rehangeri
1755
Rif.
1879
Malga Colltrondo
Lago dei Raspi
Bosco di Finfreo
Kreuzberg
1774
Hotel Kreuzberg
Kreuzbergpass
P.so M. Croce di Comelico
1636
1804
1500
0
500 m
52
Bärensee
Lago dell' Orso

Immer im Blick auf der Runde: die Sextener Dolomiten.

▶ Die Runde startet recht steil, führt von **Sexten-Moos** 01 (1339 m) über Palmstatt hinauf zur **Helmhanghütte** 02 (1610 m) in schöner Lage über dem Ort. Weiter über Lärchenwiesen bergan zu einer Erschließungsstraße, die leicht steigend in den Graben des Kampenbachs führt. Über den Bach und links (Wegweiser) an dem bewaldeten Rücken des Stiergartens aufwärts, dann flacher über freie Wiesenböden zur schön gelegenen **Klammbachhütte** 03 (1944 m).

Die Fortsetzung der Runde führt – nochmals leicht zu **Punkt 2041 m** 04 ansteigend – um das Pfandleck herum in den Graben des Pullbachs. Auf einem Fahrweg wandert man hinunter zur **Alpe-Nemes-Hütte** 05 (1877 m) nahe der Provinzgrenze. Nun auf der Sandstraße zum Hochmoor unter dem Seikofel (1908 m) und durch die lichte Talmulde des Almbachs zu der Straßenspinne am Klammbach. Den Wegzeigern folgend im Wald hinab und hinaus nach **Sexten-Moos** 01.

Vom Kreuzbergpass über die Klammbachhütte nach Sexten

Man kann die Almwanderung auch oben am Kreuzbergpass (1636 m; Bushalt) starten; die Markierung 131 leitet durch eine liebliche Hügellandschaft, teilweise Waldstraßen folgend, zur Alpe-Nemes-Hütte (1877 m). Weiter über die Klammbachhütte und die Helmhanghütte wie oben (in umgekehrter Richtung) beschrieben; Gehzeit etwa 5 Std.

KNIEBERG • 2503 m

Aussichtsberg zwischen Sexten und dem Comelico

10 km · 4:30 h · 630 hm ↗ · 630 hm ↘ · 58

START | Malga Coltrondo (1879 m), Zufahrt von der Ostrampe der Kreuzberg-Passstraße, 6 km. Abzweigung (Hinweistafel) etwa auf halber Strecke zwischen der Passhöhe und Pádola.
[GPS: UTM Zone 33 x: 304.960 m y: 5.170.870 m]
CHARAKTER | Mäßig schwierige, sehr aussichtsreiche Gipfeltour auf markierten Wegen, teilweise auch ehemaligen Kriegsstraßen. Gut auf Markierungen achten; Wegzeiger teils nur mit italienischen Namen!

Der Knieberg (2503 m) liegt knapp jenseits der Südtiroler Landesgrenze und hat deshalb auch einen italienischen Namen: Col Quaterna. Er gehört zum Karnischen Hauptkamm, steht aber etwas südlich dieses Grates, über den im Ersten Weltkrieg die Front verlief. Diese Nähe hat dem Berg Festungsanlagen und Wege beschert, die heute touristisch genutzt werden. Ein Sträßchen, das von der Ostrampe der Kreuzberg-Passstraße abzweigt, führt bis ins ausgedehnte Almrevier unter dem Knieberg, verkürzt so den Anstieg angenehm. Und nach der Gipfeltour lädt die Coltrondo-Hütte dann zur Brotzeit…

▶ Von der **Malga Coltrondo** 01 (1879 m) führt eine Forststraße (Hinweis „Alpe Nemes") leicht bergan zu einer winzigen Lacke

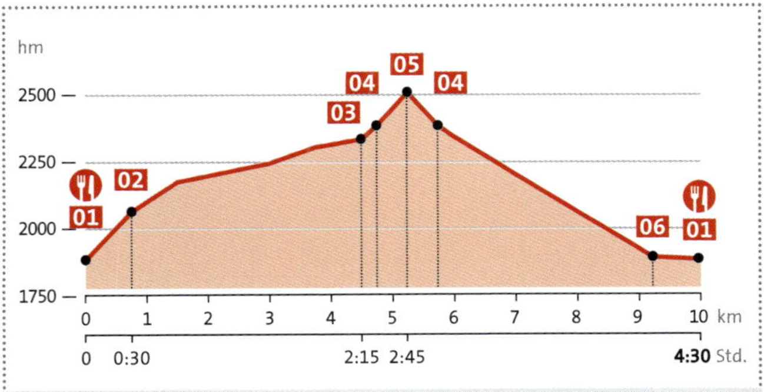

01 Malga Coltrondo, 1879 m; 02 Festung, 2058 m; 03 Kniebergsattel, 2329 m; 04 Sella del Quaterna, 2379 m; 05 Knieberg, 2503 m; 06 Rifugio Malga Rinfreddo, 1887 m

Almidylle unter dem Knieberg.

(1902 m). Hier zweigt rechts der markierte Weg zum Kniebergsattel (Passo Silvella) ab. Er steigt durch Lärchenhaine und über freie Almhänge an zur Ruine einer alten **Festung** 02 (2058 m). Am lang gestreckten Westgrat des Kniebergs wendet er sich in dessen Nordflanke. Man quert sie ohne größeren Höhengewinn bis in die innerste Vallorera, wo ein Serpentinenpfad von der Nemesalm heraufkommt. Mit ihm rechts in den **Kniebergsattel** 03 (Passo Silvella, 2329 m) und weiter in leichtem Anstieg durch die ostseitigen Hänge zur **Sella del Quaterna** 04 (2379 m) mit kleiner Marienstatue. Nur wenige Meter weiter zweigt rechts der Gipfelsteig ab: im Zickzack dann über den schrofendurchsetzten Hang zur großen Aussicht am **Knieberg** 05. Der Abstieg führt zunächst zurück zur **Sella del Quaterna** 04, dann weiter über eine ehemalige Kriegsstraße in bequemen Schleifen mit freier Sicht auf die Nordostflanke der Sextener Dolomiten hinunter ins Almgelände. Hier rechts und über das **Rifugio Malga Rinfreddo** 06 (1887 m) zurück zum Ausgangspunkt der Runde bei der **Malga Coltrondo** 01.

Festung aus der Mussolini-Zeit am Weg zum Kniebergsattel.

EISENREICH • 2665 m

Am Karnischen Hauptkamm entlang

18 km 7:00 h 1000 hm 1000 hm 58

START | Malga Coltrondo (1879 m), Zufahrt von der Ostrampe der Kreuzberg-Passstraße, 6 km. Abzweigung (Hinweistafel) etwa auf halber Strecke zwischen der Passhöhe und Pádola.
[GPS: UTM Zone 33 x: 304.960 m y: 5.170.870 m]
CHARAKTER | Wenig schwierige, aber recht lange Bergwanderung, teilweise auf alten Kriegswegen. Etwas Ausdauer erforderlich, am Karnischen Hauptkamm mehrere Gegenanstiege. Großartig die Aussicht auf die Sextener Dolomiten.

Die große Runde über dem Kreuzbergpass bietet sowohl faszinierende Aus- wie auch eher beklemmende Rückblicke in die Geschichte. Am Karnischen Kamm schaut man nicht nur weit in die Bergwelt südlich des Alpenhauptkamms, der vielgipflige Grat war vor über hundert Jahren Kriegsschauplatz. Kein Wunder, dass man sich auf alten Militärwegen bewegt, allenthalben auch auf Relikte aus dieser unglücklichen Zeit stößt, als hier gekämpft und gestorben wurde. Wofür?

Die Runde beginnt bei der **Malga Coltrondo** 01 (1879 m). Man folgt zunächst dem Sandsträßchen, das oberhalb der Alm ansteigt. Bei einem Tümpel, nach gut hundert Metern, zweigt rechts ein ehemaliger Kriegsweg ab. Über den licht bewaldeten Hang zu ei-

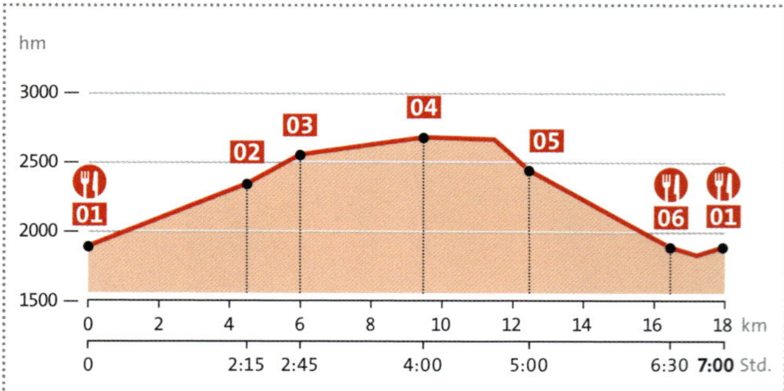

01 Malga Coltrondo, 1879 m; 02 Kniebergsattel, 2329 m; 03 Sella dei Frugnoni, 2539 m; 04 Eisenreich, 2665 m; 05 Hochgräntenjoch, 2429 m; 06 Alpe-Nemes-Hütte, 1877 m

Kriegerfriedhof am Hochgrantenjoch.

Blick vom Eisenreich auf die Sextener Dolomiten.

ner gut getarnten italienischen Festung (2058 m). Der weitere Anstieg verläuft über die ziemlich verstrauchten südseitigen Hänge über dem Vallorera und mündet schließlich unterhalb des **Kniebergsattels** 02 (Passo Silvella, 2329 m) in eine alte Trasse. An der Scheitelhöhe öffnet sich der Blick auf die Bergketten der Càrnia; rechts erhebt sich der Knieberg (Col Quaterna, 2503 m).

Weiter am offenen Hang, dann im Links-rechts-Takt hinauf zum Karnischen Hauptkamm, zur **Sella dei Frugnoni** 03 (2539 m). Hier stößt man auf den „Karnischen Höhenweg". Er umgeht eine namenlose Kuppe (2167 m), steigt dann an gegen den kreuzgeschmückten **Eisenreich** 04 (2665 m). Absteigend passiert man alte Stellungen, hinter einer nächsten Graterhebung (mit etwa 80 Meter Höhenverlust) geht's bergan zur Schöntalhöhe (2634 m; links Schützengräben), dann ziemlich flach hinüber zum Demut (2592 m).

Nächste Station in der Runde ist das **Hochgräntenjoch** 05 (2429 m) mit einem kleinen Soldatenfriedhof gleich neben dem winzigen Schwarzsee.

Der Abstieg führt auf der Südtiroler Seite mit schöner Sicht auf die Sextener Dolomiten hinunter in das Almgebiet der Pulle, dann auf einem Fahrweg hinaus zur **Alpe-Nemes-Hütte** 06 (1877 m), einer beliebten Einkehr. Rechts an Haus und Stall vorbei und auf deutlichem Weg erst flach, dann kurz absteigend zum Grenzbach (Torrente Pádola). Man überquert ihn auf einer soliden Holzbrücke und steigt dann im Wald steil bergan zu einer Sandstraße, die zurückleitet zur **Malga Coltrondo** 01.

CIMA DEI COLESEI • 1972 m

Bike- und Wandergipfel

8,5 km | 2:45 h | 490 hm | 490 hm | 58

START | Kreuzbergpass (1636 m) an der Straße von Sexten ins Comélico. Großer Parkplatz, Bushaltestelle.
[GPS: UTM Zone 33 x: 302.630 m y: 5.170.160 m]
CHARAKTER | Eine wenig anstrengende Halbtagesrunde. Aus dem Val Risena bzw. vom Rifugio Lunelli (1568 m) führt eine ordentliche Sandstraße bis knapp unter den Gipfel – eine sehr lohnende Variante für Mountainbiker.

Die Runde beginnt am Wald- und Wiesensattel des **Kreuzbergpasses** 01 (1636 m). Zunächst mit der Straße sanft bergab zur ersten großen Linkskurve (Tafel); hier auf einem Fahrweg flach in eine wenig ausgeprägte Senke (1603 m), dann steiler abwärts durch einen bewaldeten Graben. Knapp unter der 1500-m-Höhenkote rechts **Abzweigung** 02 eines markierten Wanderweges. Nun westwärts, dabei kontinuierlich an Höhe gewinnend, hinüber zur Gipfelstraße, auf die man in einer Kehre (1622 m) stößt. Sie gewinnt bei angenehmer Steigung in weiten Schleifen an Höhe und führt bald einmal aus dem Wald heraus. Mit prächtiger Schau auf die Felskulisse des Vallon Popera wandert man der abgeflachten **Cima dei Colesei** 03 (1972 m) entgegen; zuletzt rechts mit verfallenen Schützengräben zum höchsten Punkt.

Zurück zur Straße und mit ihr in die nahe Forcella Pian della Biscia

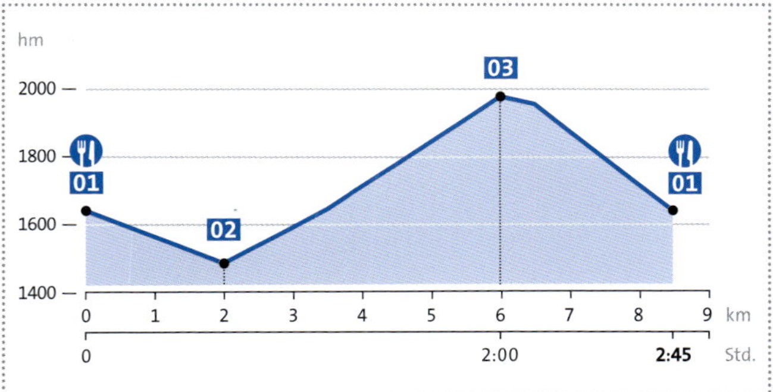

01 Kreuzbergpass, 1636 m; 02 Abzweigung, 1480 m; 03 Cima dei Colesei, 1972 m

(1942 m). Aus der Senke (Wegzeiger) durch eine offene Mulde hinab ins Almgelände und durch lichten Wald zu dem winzigen, verlandenden Bärensee (Lago dell'Orso, 1769 m). Wenig später mündet links der von den Rotwandwiesen kommende Höhenweg ein. Mit ihm – zuletzt parallel zu Skiliften – hinab zum **Kreuzbergpass** 01.

An der Cima dei Colesei; links die Cima Bagni, in der Bildmitte die Guglie di Stalata.

ARZALPENKOPF • 2371 m

Der „Morgenkofel“ in der Sextener Sonnenuhr

11,5 km | 4:45 h | 910 hm | 910 hm | 58

START | Rifugio Italo Lunelli (1568 m), Anfahrt von Pádola bzw. der Kreuzberg-Passstraße; Parkplatz.
[GPS: UTM Zone 33 x: 302.370 m y: 5.167.650 m]
CHARAKTER | Gipfelrunde in den östlichen Ausläufern der Sextenern mit einigen überraschend felsigen Passagen. In der Steilrinne unterhalb des (geschlossenen) Rifugio Sala al Popera einige Sicherungen.

Jeder Dolomitenfreund kennt die grandiose Sextener Sonnenuhr, dieses steinerne Zifferblatt, vom Neuner (2582 m) bis zum Einser (2698 m). Einen „Achter“ gibt's auch noch; der Morgenberg steht unmittelbar über dem Kreuzbergsattel, heißt in den Landkarten allerdings Arzalpenkopf. Von Süden, über den breiten Karrenrücken des Creston Popera, lässt er sich leicht besteigen. Sehr kontrastreich die Rundschau vom Gipfel mit der Felskulisse des Valon Popera als Blickfang; weniger schön sind die Relikte aus dem Ersten Weltkrieg, auf die man im ehemaligen Frontbereich allenthalben stößt.

Vom **Rifugio Italo Lunelli** 01 (1568 m) führt ein markiertes Weglein direkt in die **Forcella Pian della Biscia** 02 (1942 m); mehr Aussicht bei angenehmerer Steigung bietet die weiter östlich in Serpentinen verlaufende alte Militärstraße. Sie schneidet die Gras-

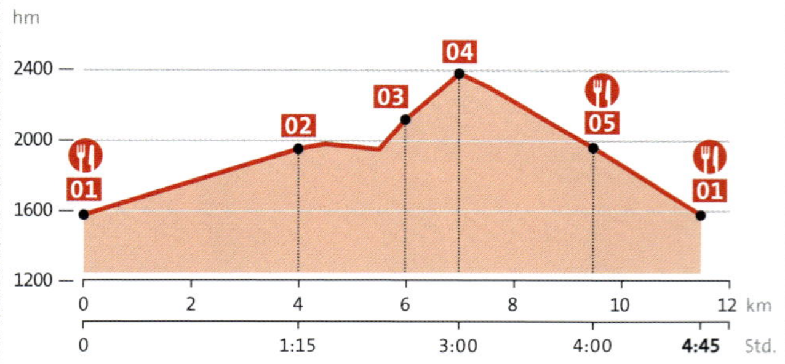

01 Rifugio Italo Lunelli, 1568 m; 02 Forcella Pian della Biscia, 1942 m; 03 Rif. Sala al Popera, 2110 m; 04 Arzalpenkopf, 2371 m; 05 Rifugio Berti, 1950 m

kuppe der Cima dei Colesei und leitet dann links in die Scharte. Man folgt der Straße noch bis zur nächsten Kehre (Tafel); hier links auf gutem Weglein 100 m absteigend bis zur Mündung einer markanten Rinne in die Ostflanke der Creston Popera. Im Zickzack (einige Sicherungen) steil hinauf zu dem ehemaligen **Rifugio Sala al Popera** 03 (2110 m), in dem seit kurzem ein kleines militärhistorisches Museum untergebracht ist (im Sommer geöffnet). Rot-weiße Markierungen leiten auf den Karrenrücken des Creston Popera und in dem recht unübersichtlichen Gelände, teilweise alten Kriegspfaden folgend, nordwärts. Der Gipfel kommt erst zuletzt ins Blickfeld; bei einem Wegzeiger (2291 m) kurz hinab in einen Graben, dann über Schrofen, Geröll und Wiesenflecken hinauf zum Kreuz am **Arzalpenkopf** 04 (2371 m). Zurück zum Wegzeiger und rechts haltend in den Arzalpensattel (2291 m), über der sich

Am Arzalpenkopf; Blick auf Elfer, Neuner und Sextener Rotwand.

Heute Militärmuseum: das ehemalige Rifugio Sala al Popera.

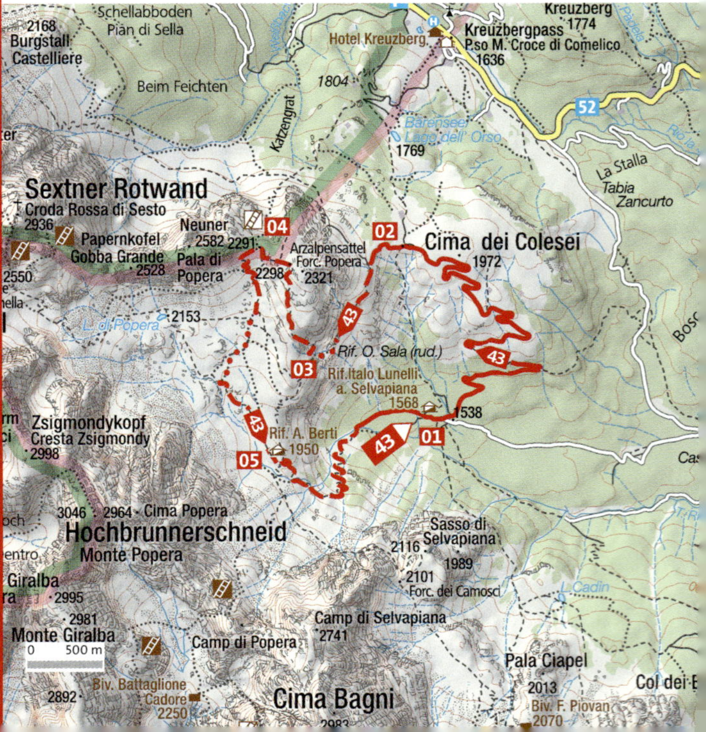

wuchtig der Neuner aufbaut. Ein steiniger Weg leitet über ein paar Kehren abwärts in die weite Wiesen- und Geröllmulde des unteren Vallon Popera. Bald einmal kommt das **Rifugio Berti** 05 (1950 m) ins Blickfeld; es steht direkt am Rand des Vallon Popera. Von der Hütte auf teilweise recht rauem Pfad mit schöner Aussicht hinunter in das Val Risena und zurück zum **Rifugio Italo Lunelli** 01.

Schroffer Dolomit über dem Vallon Popera: links die Cima Bagni, rechts die Guglie di Stalata.

BIVACCO GERA • 2240 m

Steiler Weg in die Einsamkeit

11 km | 5:45 h | 1180 hm | 1180 hm | 58

START | Holzlagerplatz (ca. 1350 m); Anfahrt von Pádola (1218 m). Ins Comelico kommt man von Sexten über den Kreuzbergpass. [GPS: UTM Zone 33 x: 306.090 m y: 5.163.700 m]
CHARAKTER | Etwas für Liebhaber leicht abenteuerlicher, wenig begangener Wege. Große Felskulisse im obersten Val de Ambata. Bei der „Via Ferrata Mazzetta" handelt es sich um einen wenig schwierigen Klettersteig; Ungeübte trotzdem nur mit Selbstsicherung!

Croda di Tacco (2612 m), Croda da Campo (2712 m), Cima de Ambata (2872 m) und Croda de Ligonto (2786 m) – nie gehört? Das macht nichts, die südöstlichen Sextener Dolomiten liegen seit jeher im Dornröschenschlaf, werden nur selten besucht. Zu stark ist wohl die Anziehungskraft großer Namen, berühmter Profile. Das hat auch seine Vorteile: Auf dem Weg in den grandiosen Talschluss von Ambata begegnet man höchstens ein paar Gleichgesinnten, die dem Trubel rund um die Drei Zinnen auch nur wenig abgewinnen können. Der Weg zum Bivacco Gera ist weit, an der Forcella di Tacco (2347 m) mit gesicherten Passagen („Via Ferrata Mazzetta"), und wer nicht durch das Val de Ambata nach Auronzo absteigen mag, muss über die hohe Scharte zurück. Dringend gewarnt sei vor einer Überschreitung der Forcella de Ambata (2413 m) bzw. der Forcella

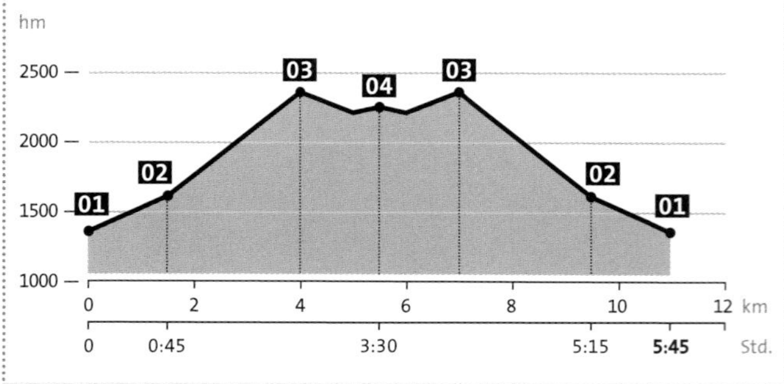

01 Holzlagerplatz, 1350 m; 02 Casera Aiarnola, 1602 m; 03 Forcella di Tacco, 2347 m; 04 Bivacco Gera, 2240 m

Anna (2570 m)! Trotz gegenteiliger Eintragungen in den Wanderkarten gibt es hier keine Wege, die nordseitigen Abstiege sind mit heikler und gefährlicher Kletterei verbunden.

▶ Vom **Holzlagerplatz** 01 (ca. 1350 m) am Rio Aiarnola steigt man zunächst auf einem markierten Waldweg bergan zur **Casera Aiarnola** 02 (1602 m). Weiter auf markierter Spur am Rand eines mächtigen Geröllstroms (Giao Glauzei) bergan. Oberhalb der bezeichneten Abzweigung zur Forcella della Rocca da Campo quert die Spur nach links. Sie um-

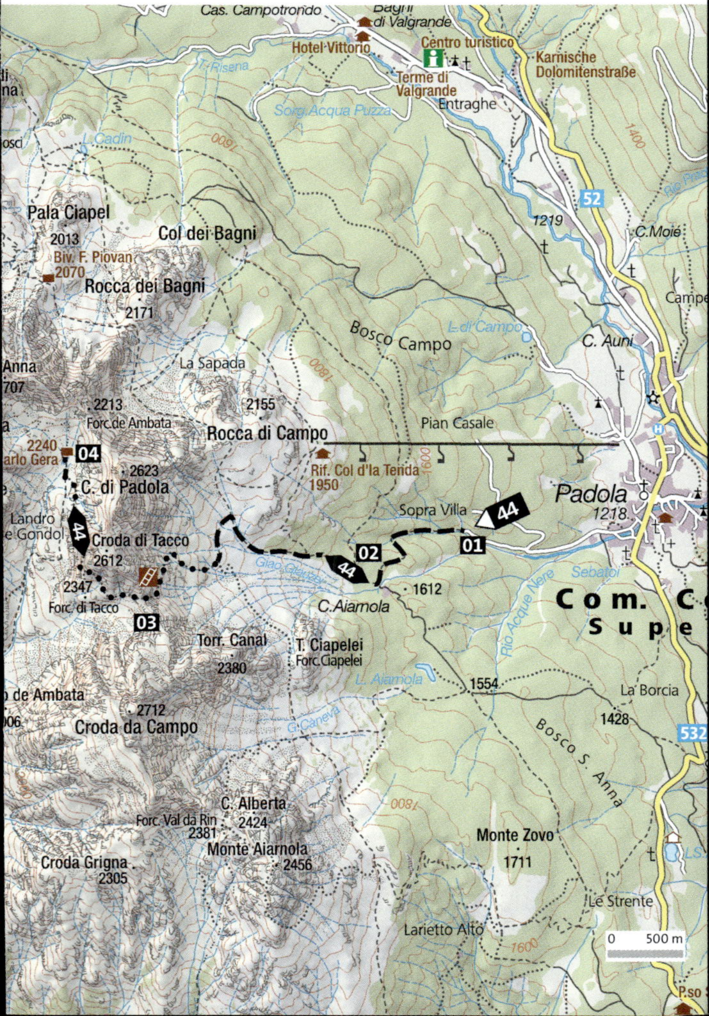

Mit Drahtseilen gesichert: die „Ferrata Mazzetta“.

geht eine Felsbarriere und leitet dann über die schrofendurchsetzte Flanke steil hinauf gegen die mächtige Ostwand der Croda di Tacco (2612 m). Zuletzt links mit Drahtseilsicherung in die **Forcella di Tacco 03** (2347 m).

Aus der Scharte schräg hinunter in eine Rinne und über ihrem Abbruch um ein etwas luftiges Eck herum und hinab zu einer Geröllrinne. Man quert sie und steigt über eine steile Rampe (Drahtseil) an zu einer grasigen Schulter. Durch die Westflanke der Croda di Tacco über Edelweißwiesen, Felsstufen und eine Geröllrinne in den Karboden der Cima de Ambata und zuletzt über Schrofen kurz hinauf zum **Bivacco Gera 04** (2240 m).

Abstieg: Auf dem Anstiegsweg, alternativ auf markiertem Steig durch das wildromantische Val de Ambata nach Auronzo (3 Std.).

Ordnung muss sein! Das Bivacco Gera.

MONTE AIARNOLA • 2456 m

Der „Letzte" in den Sextenern

13 km 5:45 h 980 hm 980 hm 58

START | Passo del Zovo (Passo di San Antonio, 1476 m). Abzweigung zum Monte Aiarnola etwa 200 m nördlich der Scheitelhöhe (Wegweiser).
[GPS: UTM Zone 33 x: 307.000 m y: 5.160.740 m]
CHARAKTER | Anspruchsvolle Gipfeltour mit kurzen Kletterpassagen (maximal I–II), Anstieg ordentlich markiert. Trittsicherheit und Bergerfahrung unerlässlich!

Jedes Gebirge hat seine Schauseite, seine Renommiergipfel – und seine Rückseite. Im Falle der Sextener ist ganz klar der Monte Aiarnola der „letzte" Gipfel des Massivs, fern von Drei Zinnen und Fischleintal, von Wandermassen und Hüttengaudi. Dafür gibt's an diesem zerklüfteten Felsstock noch jede Menge Bergesruh', und wer einen der beiden Abstiege aus der Forcella Val da Rin benützt, weiß, was man hier unter dem Begriff „rau" versteht. Bergwanderer nehmen den Normalweg über Ostflanke und den Südgrat; auch er tangiert an einigen kurzen Stellen bereits die Grenze zur Kletterei. Am Gipfel gibt's eine herrliche Rundschau, die nach Osten bis hin zu den Julischen Alpen reicht. Besonders interessant ist natürlich der Blick in die Sextener Dolomiten, aus einer recht ungewohnten Perspektive.

▶ Die Gipfeltour startet knapp nördlich des **Passo del Zovo** **01**

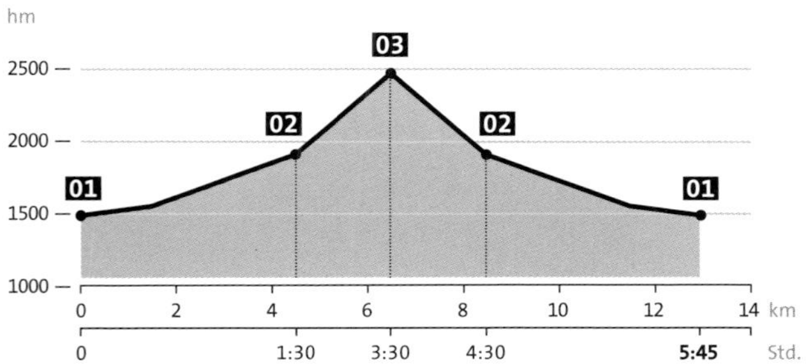

01 Passo del Zovo, 1476 m; **02** Wegkreuzung, 1897 m; **03** Monte Aiarnola, 2456 m

Kein Wanderpfad mehr: der finale Aufstieg zum Monte Aiárnola.

(1476 m; Tafeln); auf einem Sandsträßchen wandert man in das Almgelände unter dem Monte Zovo (1711 m). Über die nur licht bewaldeten Bergwiesen (Prà della Monte) – vorbei an mehreren Heuhütten – weiter bergan, dann auf dem alten Militärweg in vielen Kehren über einen dicht mit Latschen bewachsenen Hang zu einer **Wegkreuzung** **02** (Larietto alto, 1897 m). In steilem Zickzack hinauf gegen die Felsen, dann nach links in längerer Querung über Edelweißwiesen bis zur Mündung einer steilen Rinne. Mühsam durch sie hinauf (keine Steine ablassen!) zum Grat; von der felsigen Kuppe links (Kreuz) packender Tiefblick auf Auronzo. Die Wegspur leitet rechts in eine steile Felsrinne, die man vorsichtig durchsteigt (I–II); dann am Südgrat über zwei Vorgipfel zum höchsten Punkt des **Monte Aiarnola** **03** (2456 m).

Abstieg: Auf dem Anstiegsweg.

Abstiegsvarianten

Erfahrene Berggänger (aber nur solche!) können vom Monte Aiarnola auch über die Forcella Val da Rin (2370 m) absteigen. Aus der Scharte, die man mit einigem Auf und Ab (Stellen I) am Nordwestgrat des Gipfels erreicht, besteht sowohl ein nord- als auch ein südseitiger Abstieg, beide zwar markiert, aber mit kurzen Kletterstellen (I, II) und viel Geröll. – Wer durch das Cáneva-Kar absteigt, kann anschließend auf einem Waldweg zum Passo di San Antonio zurückwandern; der Abstieg durch das wilde Val da Rin de Aiarnola mündet zum ehemaligen Bleibergwerk im Val San Rocco.

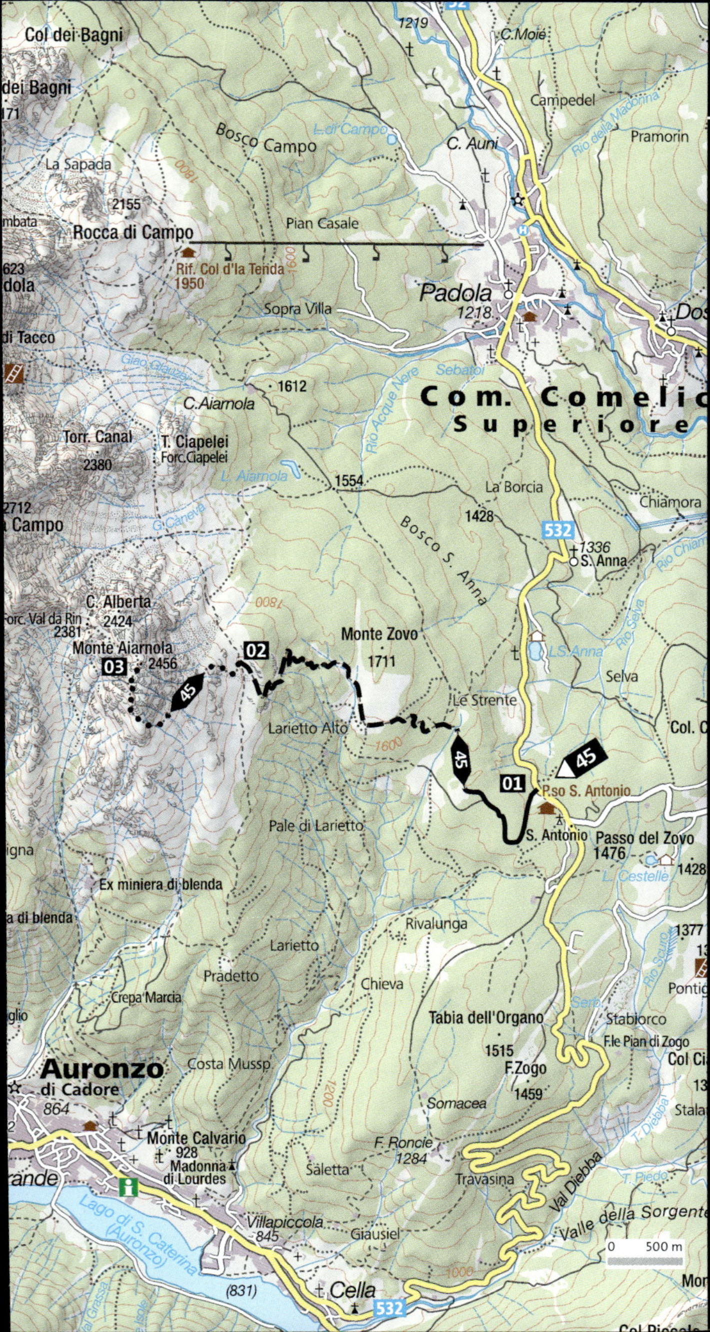
Col dei Bagni
dei Bagni
La Sapada
2155
Rocca di Campo
Rif. Col d'la Tenda
1950
Bosco Campo
L. di Campo
Pian Casale
C.Moie
1219
Campedel
Rio della Madonna
Pramorin
C. Auni
Padola
1218
Dos
Sopra Villa
di Tacco
Giao Glauzei
1612
C.Aiarnola
Sebatoi
Rio Acque Nere
Com. Comelic
Superiore
Torr. Canal
2380
T. Ciapelei
Forc.Ciapelei
L. Aiarnola
1554
La Borcia
1428
Chiamora
Campo
G.Caneva
Bosco S. Anna
532
1336
S. Anna
C. Alberta
2424
Forc. Val da Rin
2381
Monte Aiarnola
2456
03
02
45
Monte Zovo
1711
L.S.Anna
Rio Selva
Selva
Le Strente
Larietto Alto
1600
Col. C
45
01
P.so S. Antonio
S. Antonio
Passo del Zovo
1476
L. Cestelle
1428
Pale di Larietto
igna
Ex miniera di blenda
a di blenda
Rivalunga
1377
Larietto
Pradetto
Chieva
Rio Scuro
Pontic
Crepa Marcia
glio
Tabia dell'Organo
Stabiorco
F.le Pian di Zogo
1515
Col Ci
F.Zogo
Auronzo
di Cadore
864
Costa Mussp
1200
1459
Somacea
Stala
T. Diebba
Monte Calvario
928
Madonna
di Lourdes
F. Roncie
1284
Saletta
Travasina
Val Diebba
T. Piedo
rande
Lago di S. Caterina
(Auronzo)
Villapiccola
845
Giausiel
Valle della Sorgente
0
500 m
(831)
Cella
532
1000
Mon
Col Piccolo

MONTE TUDAIO • 2140 m

Aussichtskanzel über dem Piavetal

11,5 km 6:00 h 1260 hm 1260 hm 58

START | Chalet Pino Solitario (878 m) an der Straßengabelung oberhalb des Weilers Piniè. Anfahrt von der Strada statale No. 52 oder von Laggio; Parkplatz.
[GPS: UTM Zone 33 x: 306.160 m y: 5.153.980 m]
CHARAKTER | Recht wilder Anstieg aus dem Geröllgraben des Val de Ciariè über die felsige Südflanke des Monte Tudaio mit leichten Kletterstellen (I) und einigen Drahtseilen. Trittsicherheit und Ausdauer sind unerlässlich; im Sommer zeitiger Aufbruch sehr ratsam (Südanstieg). Über die alte Militärstraße kann man den Aussichtsberg auch auf zwei Rädern besteigen.

Er ist ein echter Geheimtipp, der Monte Tudaio: ein „Unbekannter" über dem Piavetal mit spannendem, abschnittweise gesichertem Anstieg und großem Panorama. In letzterem dominieren natürlich die Sextener Dolomiten, die sich hier einmal aus einer recht ungewohnten Perspektive zeigen – von Osten. Die große Schau reicht aber noch viel weiter, bis zum Tauernhauptkamm (Großvenediger, 3657 m), zu den Ampezzaner Dreitausendern und tief in die „terra incognita" der Karnischen Alpen. Den Rundblick muss man sich allerdings erst verdienen: fast 1300 Höhenmeter, ein steiler, dazu südseitiger Anstieg, also nichts für ganz heiße Sommertage.

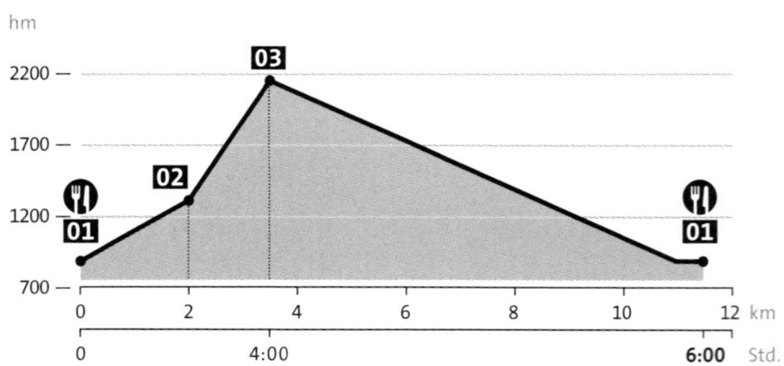

01 Chalet Pino Solitario, 878 m; 02 Verzweigung, 1301 m;
03 Monte Tudaio, 2140 m

An den Fels gebaut: die italienische Festung am Gipfel des Monte Tudaio.

▶ Ein Schild hinter dem **Chalet Pino Solitario** **01** (878 m) weist zum „Sentiero dei Mede“. Das gut markierte Weglein führt in den Wald, dann rechts über dem Geröllgraben des Val de Ciariè einwärts. Nach einer knappen halben Stunde wechselt der Pfad die Talseite. Die Szenerie gewinnt zunehmend an Dramatik; Felswände zur Linken, im Vorblick der Monte Schiavon (2526 m).

Im Talinnern biegt die Spur nach links ab; mühsam geht es neben einer Geröllreiße bergan zu einer **Verzweigung** **02** (1301 m, Schilder). Nun unter den Felsen zum Einstieg des „Sentiero dei Mede“ (1440 m). Er folgt dem felsdurchsetzten, licht bewaldeten Rücken zwischen zwei

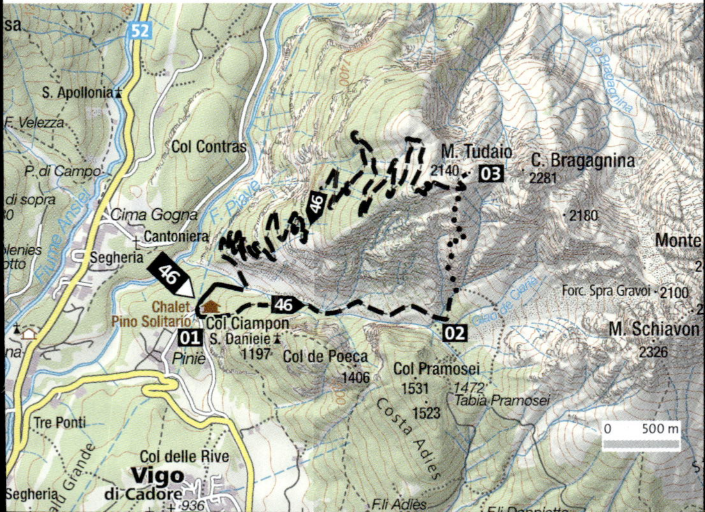

wilden Geröllschluchten, sucht und findet zwischen Felsen immer wieder einen vergleichsweise leichten Durchstieg. Auf mehreren kurzen Passagen ist die Route mit Drahtseilen gesichert; schließlich betritt man die ausgedehnten, aus dem Ersten Weltkrieg stammenden Befestigungsanlagen auf dem **Monte Tudaio 03** (2140 m) durch ein Tor in der Umfassungsmauer. Tafeln am weiträumigen Gipfel erläutern das Panorama. Beim Abstieg über die alte Kriegsstraße verlässt man die Gipfelfestung durch einen Tunnel, dann geht's in 33 Kehren mit Aussicht auf die Sextener Dolomiten über die bewaldete Westflanke des Berges talwärts. Man quert das Val de Ciariè an seiner Mündung; wenig später ist der Ausgangspunkt der schönen Runde bei der **Chalet Pino Solitario 01** erreicht.

An mehreren Stellen mit Drahtseilen gesichert: der „Sentiero dei Mede".

RIFUGIO CARDUCCI • 2297 m

Einsame Sextener Südtäler

15 km | 6:30 h | 1370 hm | 1370 hm | 58

START | Weiler Giralba (935 m) an der Mündung des gleichnamigen Tals. Parkmöglichkeit am Waldrand oberhalb der Wochenendhäuser. [GPS: UTM Zone 33 x: 300.150 m y: 5.161.480 m]
CHARAKTER | Recht lange und anstrengende Hüttenwanderung auf alten Kriegswegen. Großartige Felskulisse!

Über die Forcella Giralba (2431 m) führt ein markierter Weg vom Fischleintal ins Val Giralba, von Südtirol ins Bellunese – und von einem der touristischen Brennpunkte der Region in die Einsamkeit. Das merkt sehr schnell, wer frühmorgens bei den wenigen Häusern von Giralba aufbricht und den alten Kriegsweg hinauf zum Rifugio Carducci unter die Füße nimmt: kein bunter Wander-Tatzelwurm wie an Schönwettertagen drüben auf dem Anstieg zur Zsigmondyhütte, dafür viel von der berühmten Bergesruh'. Faszinierend in ihrer Wildheit die Kulisse: Blickfang ist zuerst die gewaltige Bastion des Monte Giralba di Sotto (2981 m), oberhalb des Pian de le Salere hat man freie Sicht auf die zerklüftete Westflanke der Croda de Ligonto und zuletzt kommt die Ostwand des Zwölferkofels (3094 m) ins Bild. Wer von der Hütte noch den kleinen Abstecher zur Forcella Giralba unternimmt, wird mit der Aussicht auf die großartige Kulisse des Bacherntals belohnt.

Fern am nördlichen Horizont stehen die Dreitausender des Alpenhauptkamms, angeführt von der

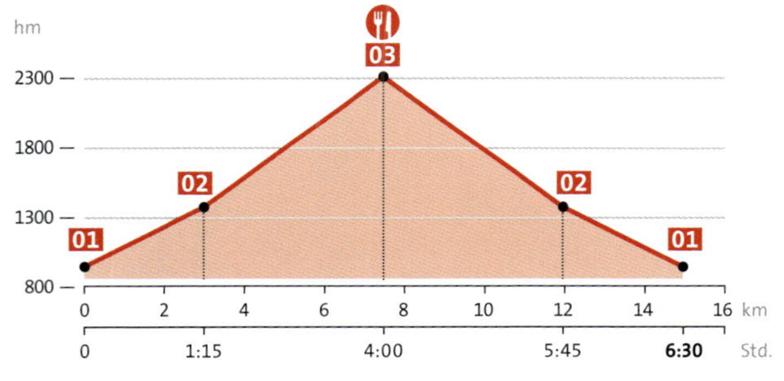

01 Giralba, 935 m; 02 Pian de le Salere, 1365 m; 03 Rifugio Carducci, 2297 m

Mascabroni
2820 Elferturm
T. Undici
Zsigmondykopf
Cresta Zsigmondy
2998
Rif. A. Berti
1950
La Spada
La Mitria
2526
2788
2413
Hochleist
La Lista
2212
2224
Inneres Loch
3046
2964 Cima Popera
Hochbrunnerschneid
Monte Popera
Busa di Dentro
Monte Giralba
di Sopra
2752
2995
Zwölferkofel
Cima Dodici
3094
Eissee
Forc. Giralba
2431
2981
Monte Giralba
di Sotto
Camp di Popera
2741
2917
Kleiner Zwölfer
P.la Croda dei Toni
Biv. Battaglione
Cadore
2250
Cima Bagni
2983
3023
Rif. G. Carducci
2297
03
2892
Croda A.Berti
3029
Lago
Nero
2418
Cima Sud
2945
C. d'Auronzo
2914
Biv. A. T. De Toni
2567
Forc. de l'Agnel
P.de l'Agnel
2724
Forc. Maria
2408
Cime Pezzios
2439
Torre Cadore
2445
Cadin del Bisa
Val Bastioi
Forc. Paola
Pian de le Salere
Croda de Ligonto
2786
02
Croda Gravasecca
2326
Col de l'Agnel
2407
1365
Col de Giralba
2081
R. Giralba
P. Lina 2612
P. del Buco 2563
Croda Rizzardi
2359
1919 Forc. de Ligonto
Col de Ligonto
1820
M.ga Bombassei
1019
Az. Tur.
Colonia Montana
Giralba
951
47
01
47
Case Ligonto
Orsolina
901
1593
La Rotonda
Europa
48
Monte Rusiana
1791
Prati di Rusiana
Col Sopause
1181
Fiume Ansiei
0
500 m

Prächtige Lage: das Rifugio Giralba über dem Val Giralba Alta. In der Ferne die Marmarole-Gruppe.

markanten Pyramide der Rötspitze (3495 m). Der Hüttenweg, nach einem Murabgang 2017 verschüttet, ist wieder problemlos begehbar.

▶ Vom Weiler **Giralba** 01 (935 m) folgt man kurz der Sandstraße in den Wald, dann dem ehemaligen Kriegsweg, der durch das untere Val Giralba kräftig ansteigt. Nach knapp einer Stunde wechselt der Pfad auf die linke Talseite; über ein paar Kehren geht's weiter zum Schotterfeld des **Pian de le Salere** 02 (1365 m). Packend ist der Blick in den wilden Graben des Val Stalata und auf die Felsabstürze der Cima Bagni (2983 m). Nun im linken Talast – dem Val Giralba Alta – in vielen Serpentinen auf der kunstvoll angelegten Mulattiera weiter bergan. Zur Rechten hat man den mächtigen Klotz des Monte Giralba di Sotto (auf dessen Bändern die „Via Ferrata Cengia Gabriella" verläuft), im Rückblick zeigt die Croda de Ligonto fast noch mehr abweisend-schroffen Steilfels. Nach einer letzten Talstufe erreicht man schließlich das schön gelegene **Rifugio Carducci** 03 (2297 m) im Karboden unterhalb der Forcella Giralba.

Abstieg: Auf dem Anstiegsweg.

FORZELA DE L'AGNEL • 2567 m

Hinter den sieben Bergen

12 km | 6:45 h | 1440 hm | 1440 hm | 58

START | Im Val Marzon, Straßenkehre (1127 m) 2 km von der Staatsstraße Nr. 48 (Auronzo – Misurina); Parkmöglichkeit. [GPS: UTM Zone 33 x: 296.600 m y: 5.162.880 m]
CHARAKTER | Landschaftlich einmalige Wanderung, größtenteils gute Wege, nur im innersten Val del Márden kurze, etwas unangenehme Geröllstrecken. Tadellose Kondition und Bergerfahrung unerlässlich!

Wenn's einen Winkel in den Sextener Dolomiten gibt, der buchstäblich „hinter den sieben Bergen" liegt, dann ist es das Val del Márden. Kaum jemand kennt dieses Landschaftsjuwel, das sich – von keiner Seite einsehbar – zwischen zerklüfteten Felsmauern hoch über dem Ansieital versteckt. Besuchern wird einiges abverlangt, fast 1500 Höhenmeter sind zu bewältigen, ehe man sich an der „Schafscharte" (Forzela de l'Agnel) ganz der wilden Schönheit dieser Gegend hingeben kann. Zu sehen gibt es allerdings auch unterwegs schon einiges, denn nach dem endlos langen Serpentinenanstieg aus dem Val Marzon herauf tauchen an der Waldgrenze ganz überraschend die Drei Zinnen auf. Beim Weiterweg durch das Hochkar kann man sich an den wilden Zacken links und rechts kaum satt sehen; unvergleichlich elegant die himmelwärts schießende Felsflamme des Torrione Graffer (2523 m). Was für ein Gegensatz zur Cima d'Auronzo (2914 m), die als südlicher Eckpfeiler des Zwöl-

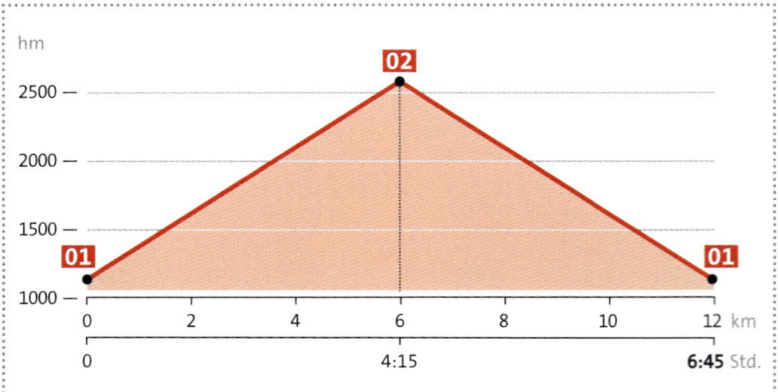

01 Val Marzon, 1127 m; 02 Forzela de l'Agnel, 2567 m

fers (3094 m) breitmassig über dem Talhintergrund thront!

▶ Die lange Tour beginnt im **Val Marzon** 01, führt von der Straßenkehre (1127 m) im Zickzack an einem steilen, bewaldeten Hang bergan gegen die Mündung des Val del Márden. Über das (zumeist ausgetrocknete) Bachbett und an der linken Talseite weiter in vielen Kehren aufwärts. Nach etwa zwei

Das Bivacco De Toni; am Horizont die Karnischen Alpen.

Stunden bleibt die Waldgrenze zurück; eindrucksvoll der Blick auf die senkrechte Westwand der Pala del Márden (2475 m), die den Eingang in das eigentliche Hochtal markiert. Das Weglein führt zwischen dichtem Latschengestrüpp weiter bergan; im Westen taucht das berühmteste Profil der Dolomiten auf, links flankiert von den Cadinispitzen, den Talschluss riegelt der Westabsturz des Zwölfermassivs ab. Man bewegt sich auf ihn zu, erst noch auf guter Spur, zuletzt mühsam über einen Geröllhang.

An der Weggabelung (2403 m; Tafel) rechts und im Zickzack über den mit Geröll und Felsbrocken übersäten Hang hinauf in die **Forzela de l'Agnel** 02 (2567 m) mit dem Bivacco De Toni. Einmalig die Felskulisse, schaurig-schön der Blick in den Graben des Val Gravasecca, über dem eine ganze Phalanx bizarrer Türme steht.

Abstieg: Auf dem Anstiegsweg.

Große Tour vor dem Zwölfer

Die Wanderung lässt sich zu einer ganz großen Runde erweitern: von der Verzweigung unter der Forcella del Márden (2403 m) auf markierter Spur vor dem riesigen Westabsturz des Zwölfermassivs (einige Sicherungen) zur Zwölferscharte (2524 m) und weiter mit viel Aussicht über das Sandbüheljoch (2425 m) zum Pian di Cengia und auf einem alten Militärweg hinab in das Val Marzon. Gesamtgehzeit etwa 9 Std., Nächtigung in der Büllelejochhütte (2528 m) ratsam.

PATERNSATTEL • 2454 m

Lang statt kurz

15,5 km · 6:30 h · 1280 hm · 1280 hm · 58

START | Cason de la Crosera (1207 m) im Val Marzon; asphaltierte Zufahrt von der Strada statale No. 48 (Auronzo – Misurina), knapp 4 km. Gute Parkmöglichkeit an der Straße.
[GPS: UTM Zone 33 x: 295.800 m y: 5.163.350 m]
CHARAKTER | Ausgedehnte Rundwanderung auf alten Kriegswegen, teilweise etwas schotterig. Große Dolomitenkulisse, faszinierend der Blick auf die Kleine Zinne.

Kaum jemand, der von der „Drei-Zinnen-Straße" hinüberwandert zum Paternsattel, verschwendet einen Blick hinab in den Graben des Vallon de Lavaredo, und nur ganz selten steigt jemand aus dem Ansieital hinauf zu der Scharte, die den schönsten Drei-Zinnen-Blick überhaupt bietet. Der weite, mit 1200 Steigungsmetern auch anstrengende Weg lohnt sich aber, bietet die Runde doch packende Einblicke in die wildzerklüftete Südflanke der Sextener Dolomiten. Und bei schönem Wetter ist es ja fast schade, einen ganzen Bergtag an den Spaziergang von der Drei-Zinnen-Straße hinüber zum Paternsattel zu verschwenden…

Der lange Anstieg beginnt auf Asphalt, führt von **Cason de la Crosera** 01 (1207 m) im Val Marzon über ein paar Kehren bergan. Nach knapp einer halben Stunde endet die Straße an einer Brücke; das gut bezeichnete Weglein führt

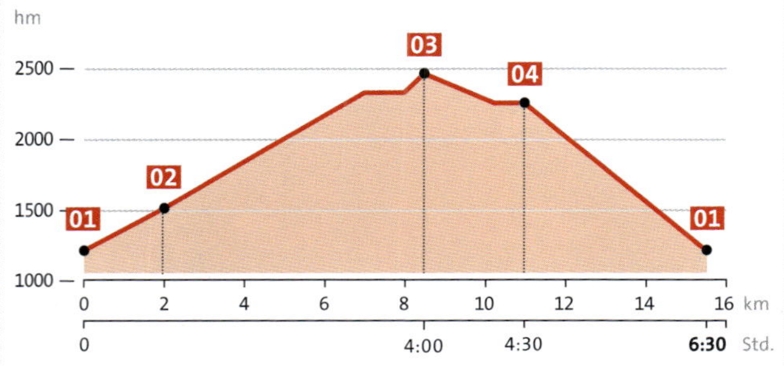

01 Cason de la Crosera, 1207 m; 02 Weggabelung, 1506 m; 03 Paternsattel, 2454 m; 04 Pian di Cengia, 2247 m

an, neben und in einem Bachbett weiter. Schöner Rückblick auf die Vorberge des Zwölfers (3094 m); über dem Vallon de Lavaredo zeigt sich der (aus dieser Perspektive) unglaublich schlanke Felsturm der Kleinen Zinne. An der folgenden **Weggabelung** 02 (1506 m) hält man sich rechts (Wegzeiger). Der kunstvoll trassierte, vom Zahn der Zeit allerdings ziemlich angenagte Pfad schraubt sich in vielen Kehren durch das Lavaredo-Tal bergan; dabei rücken die Südwände der Drei Zinnen allmählich näher. Das Rif. Auronzo (2320 m), Startpunkt für fast alle „Drei-Zinnen-Gucker", bleibt links; erst auf halber Strecke zur Cappella degli Alpini (2314 m) fädelt man ein in die „Wanderautobahn". Knapp vor dem Rifugio Lavaredo (2344 m) zweigt links der direkte Weg hinauf zum **Paternsattel** 03 (2454 m) ab, wo das berühmteste Felsprofil der Dolomiten angemessen bestaunt wird. Aus der Scharte schräg hinunter zu den winzigen Laghi di Lavaredo, dann unter den Felsen des Passportenkofels weiter absteigend zum **Pian di Cengia** 04.

An der bezeichneten Weggabelung (2247 m) rechts und auf einem alten Militärweg in vielen Kehren hinab ins Val di Cengia und zurück zum Ausgangspunkt der Runde beim **Cason de la Crosera** 01.

Rast am Weg zum Pian di Cengia; links die Cima d'Auronzo.

An Menschen gewöhnt: das Murmeltier.

SENTIERO DURISSINI

Von Süden in die Cadini

18 km | 9:00 h | 1450 hm | 1450 hm | 58

START | Cason de la Crosera (1207 m) im Val Marzon; asphaltierte Zufahrt von der Strada statale No. 48 (Auronzo – Misurina), knapp 4 km. Gute Parkmöglichkeit an der Straße.
[GPS: UTM Zone 33 x: 295.800 m y: 5.163.350 m]
CHARAKTER | Große Runde an der Südflanke der Cadinigruppe; sehr anstrengendes Tagespensum. Trittsicherheit und Bergerfahrung unerlässlich (kürzere gesicherte Passagen), dazu natürlich eine tadellose Kondition. Einmalig die Kulisse am „Sentiero Durissini“!

In der Regel wird der Sentiero Durissini mit einem Teilstück des „Bonacossa-Weges“ kombiniert, ausgehend vom Col de Varda (siehe Tour 18). Man kann aber auch unten starten, um im Marzontal und durch das einsam-schöne Val de le Cianpedele zum Hauptkamm der Cadini aufzusteigen. Da ergeben sich andere, faszinierende Perspektiven, und am „Sentiero Durissini“ ist man dann – auch gefühlsmäßig – ganz oben: Dolomitenzauber. Der Abstieg durch das

Steinwüste: das Ciadin Deserto.

Ein steinerner Zackenwald: die Cadini di Misurina.

Val d'Onge bietet zum Abschluss der großen Runde Gelegenheit, nochmals zurückzuschauen, auf den bizarren Zackenwald und vor allem hinauf in die Felswildnis, wo man ein paar Stunden zuvor noch auf schmalen Pfaden unterwegs war – und hinabgeschaut hat in dieses stille Südtal der Sextener Dolomiten.

▶ Die Tour startet auf Asphalt, führt von **Cason de la Crosera** **01** (1207 m) im Val Marzon über ein

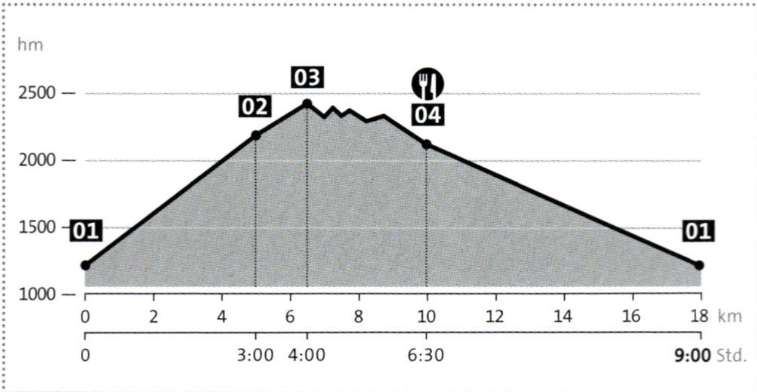

01 Cason de la Crosera, 1207 m; **02** Forcela de Rinbianco, 2176 m; **03** Forcella della Torre, 2410 m; **04** Rifugio Città di Carpi, 2130 m

paar Kehren bergan. Nach zwei Kilometern endet die Straße an einer Brücke; das gut bezeichnete Weglein führt an, neben und in einem Bachbett weiter. Schöner Rückblick auf die Vorberge des Zwölfers (3094 m); über dem Vallon de Lavaredo zeigt sich der (aus dieser Perspektive) unglaublich schlanke Felsturm der Kleinen Zinne. An der folgenden Weggabelung (1506 m) links und hinein in das Cianpedele-Tal. Über steinige Grashänge geht's hinauf zur **Forcela de Rinbianco 02** (2176 m), wo man auf den „Sentiero Bonacossa" stößt. Mit ihm links in den Karwinkel unter dem Passo dei Toce (2367 m).

An der Verzweigung (schlecht bezeichnet) links, auf einer Geröllspur unter den Felsen hindurch und in Kehren hinauf zur **Forcella della Torre 03** (2410 m).

Jenseits der Scharte in Kehren bergab ins „Verlorene Kar" (Ciadin Deserto) und nach kurzer Hangquerung gleich wieder im Zickzack hinauf in die Forcella Sabbiosa (2436 m). Hier hat man bereits

Sichtverbindung mit der Forcella del Ciadin Deserto (2420 m). Ab- und gleich wieder ansteigend leitet der „Sentiero Durissini“ in diese nächste Scharte. Dahinter am Fuß einer senkrechten Wand im Geröll abwärts, dann in kurzem Gegenanstieg zu einer Geländeschulter in wildromantischer Kulisse. Links am Felsdurchschlupf der Forcella Cristina vorbei und in weitem Bogen unter den Wänden der Cima Eötvös (2825 m) in den mit Bergsturztrümmern übersäten Boden des Ciadin de le Pere. Kurz bergan in die Selletta Alta di Maraia und anschließend über karge Almwiesen zum **Rifugio Città di Carpi** **04** (2130 m) wenig oberhalb der Forcella Maraia (2101 m).

Hier endet eine ehemalige Kriegsstraße, auf der man über viele Serpentinen sehr knieschonend absteigt in das Val d’Onge. Der Fahrweg ist an mehreren Stellen durch Muren verlegt, was eindrucksvoll belegt, dass selbst Berge nicht für die Ewigkeit geschaffen sind.

An der Mündung des Ongetals, bei **Cason de la Crosera** **01**, endet die große Runde.

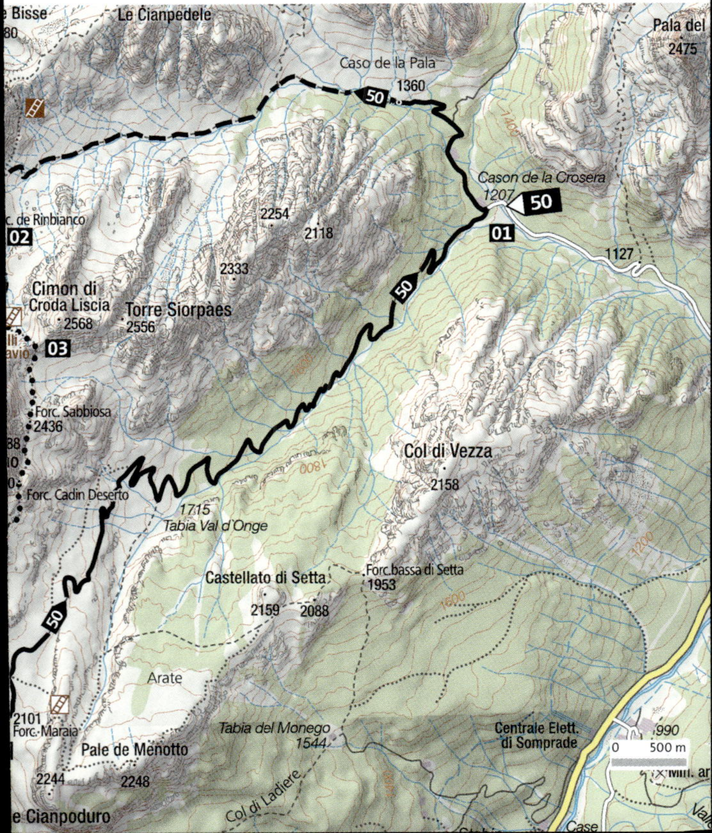

ALLES AUSSER WANDERN

Auch für die Alpensüdseite gibt's keine Schönwettergarantie. Ein Regentag muss aber kein verlorener sein – man kann ihn durchaus positiv gestalten: einfach entspannen oder ein Museum besuchen. Vielleicht zwickt's ja im Wadl, da ist etwas Ruhe ganz angenehm. Möglicherweise war die Tour gestern auch etwas arg anstrengend. Wie wär's mit einem Ausflug ins nahe Bruneck oder nach Cortina d'Ampezzo? Und das Angebot für einen gelungenen kulinarischen Abend reicht von deftig (vielleicht auf einer Hütte) bis zur Sterneküche. . .

MEINE TIPPS FÜR ...

> Kulturinteressierte

Wer zum Wandern in die Sextener kommt, interessiert sich möglicherweise auch für die Geschichte der Dolomiten. Die spannende Zeitreise ins private Museum **DoloMythos** führt zurück in unvorstellbare weit zurückliegende Epochen, als die Drei Zinnen noch formloser Schlick und Schlamm waren, abgelagert am Grund des Tethys-Meeres. Hier begegnet man Dinosauriern, versteinerten Muscheln, Ammoniten und Bergkristallen, dem sagenhaften Riesen Haunold und Samblana, der Winterkönigin. Der Besucher wandert durch die Jahrmillionen, sieht die Berge entstehen, das Gletschereis vorrücken und wieder verschwinden, und ganz zuletzt taucht der Mensch auf; er siedelt in den Tälern, „erobert" die Gipfel und führt schließlich sogar Krieg in der einmaligen Felskulisse. Das Museum DoloMythos in Innichen (Rainerstraße 11) ist täglich geöffnet von 8-19 Uhr.

Eine andere, viel kürzere Geschichte, nämlich die des Südtiroler Tourismus, wird im **Fremdenverkehrsmuseum** in Niederdorf lebendig. Es beleuchtet vor allem die touristische Entwicklung im Hochpustertal von den Anfängen bis über die Eröffnung der Pustertalbahn im Jahr 1871. Eine legendäre Figur jener Zeit war Frau Emma, eigentlich Emma Hellenstainer, die den „Schwarzen Adler" (heute Hotel Emma) zu einem weit über die Landesgrenzen hinaus bekannten Haus machte. Das **Museum im Haus Wassermann** ist von Anfang Juni bis Anfang Oktober, Dienstag bis Sonntag 16 – 19 Uhr geöffnet.

Bruneck, der Hauptort des Pustertals, nur eine halbe Fahrstunde von Toblach, hat kulturell einiges zu bieten. Im Schloss, das nach 1250 als bischöfliche Residenz errichtet und später mehrfach ausgebaut wurde, stellt Reinhold Messner die Bergvölker Asiens, Südamerikas, Afrikas und Europas vor, ihre Geschichte und Kultur. **Messner Mountain Museum Ripa**, geöffnet vom zweiten Sonntag im Mai bis zum 1. November von 10–18 Uhr, 7. Dezember bis 25. April 12–18 Uhr (Dienstag geschlossen).

Die bäuerliche Vergangenheit Südtirols wird im **Landesmuseum für Volkskunde** in Dietenheim bei Bruneck lebendig: Das Museum vermittelt ein umfassendes Bild vom bäuerlich geprägten Leben vergangener Tage bis zurück ins 17. Jahrhundert, mit

Schwerpunkt auf der Zeit zwischen 1750 und 1850. Geöffnet Mitte April bis Ende Oktober, Dienstag bis Samstag 10–17 Uhr, Sonntag 14–18 Uhr.

Vom Hochpustertal ist es auch nicht weit nach **Cortina d'Ampezzo**, das als heimliche Hauptstadt der Dolomiten gilt und 1956 die Olympischen Winterspiele ausrichtete. Legendär als Einkaufsmeile für gut betuchte ist der Corso Italia, sehenswert sind die Pfarrkirche mit ihrem frei stehenden Turm und das moderne **Museum Rinaldo Zardini**, eine umfangreiche Sammlung von Fossilien aus den Ampezzaner Dolomiten (geöffnet 21. Juni bis 9. Oktober Dienstag bis Sonntag 10.30–12, 16–20 Uhr, im August auch Montag).

> Genießer

Tilia Restaurant & Longue. Klein, aber fein. Chris Oberhammer zelebriert im gläsernen Zubau des ehemaligen Grand Hôtels in Neutoblach seine vom Guide Michelin mit einem Stern ausgezeichnete Kochkunst. Unbedingt reservieren (Sonntagabend und Montag geschlossen)! Tel. 335/812 77, 83, www.tilia.bz

Traditionelle Südtiroler Küche genießt man in den historischen Stuben des **Winkelkellers** mitten in Toblach. Die Portionen sind auch für Sportliche ausreichend, die Preise moderat. Graf-Künigl-Straße 8, Tel. 0474/97 20 22.

Verschiedene Getreide, Brot und Kartoffeln kann man am **Feichterhof** kaufen. Jeden Dienstag und Freitag backt Bernhard Feichter in seinem Holzofen ein ganz besonders feines Brot. Alles natürlich bio. Zipfangerstraße 1, Toblach; Tel, 0474/97 23 24.

In der Backstube des Feichterhofs.

Für Käseliebhaber ist ein Abstecher zur **Schaukäserei Drei Zinnen** in Toblach ein absolutes Muss. Hier erfährt man nicht nur, wie ein Käse entsteht und reift, die Spezialitäten wie Innicher Weinkäse, Toblacher Stangenkäse, Kräuterkäse oder Pustertaler Räucherkäse gibt's natürlich auch zu kaufen, nebst allerlei typischen Südtiroler Leckereien (geöffnet Dienstag bis Samstag 8–19 Uhr.

BERGBAHNEN, HÜTTEN, GASTHÖFE

Regionale Bergbahnen mit Sommerbetrieb; Tal-Bergstation (Höhe/m)

Col de Varda (Sessellift)
Misurinasee (1756 m)
Col de Varda (2115 m)
Tour 18–20

Haunold (Sessellift)
Innichen (1175 m)
Haunoldhütte (1499 m)
Tour 21, 22

Helm (Seilbahn)
Sexten (1320 m)
Helmhang (2052 m)
Tour 26

Rotwandwiesen (Gondelbahn)
Bad Moos (1353 m)
Rotwandwiesen (1914 m)
Tour 35–38

Hütte/Gasthaus (Höhe/m) Tel./Zugang, Zufahrt/Tour Nr.

Alpe-Nemes-Hütte (1877 m)
347/011 93 60/Kreuzbergpass/39, 41

Auronzo (2320 m)
0435/39 002/Misurina/12–15

Berti (1950 m)
0435/67 155/Rifugio Lunelli/43

Bosi (2205 m)
0435/39 034/Misurina

Büllelejoch (2528 m)
337/451 517/Fischleinboden/14, 31, 33

Carducci (2297)
0435/40 04 85/Giralba/47

Città di Carpi (2130 m)
0435/39 139/Col de Varda/19, 20, 50

Viel besucht: die Zsigmondy-Hütte.

Col de Varda (2115 m)
0435/39 041/Misurina/18–20

Dreischuster (1626 m)
0474/96 66 10/Innerfeldtal/22–24

Drei Zinnen (2405 m)
0474/97 20 02/Rifugio Auronzo/8, 12–15, 31

Dürrenstein (2040 m)
0474/97 25 05/Plätzwiese/6

Fischleinboden (1454 m)
0474/71 00 44/Sexten/29–34

Fonda Savio (2367 m)
0435/36 60 56/Misurina/16–19

Hahnspielhütte (2152 m)
0474/83 00 46/Helmbahn/26

Haunold (1499 m)
0474/91 65 82/Innichen/21, 22

Helmhang (1610 m)
0474/71 00 97/Sexten/39

Klammbach (1944 m)
335/657 29 55/Sexten/26, 39

Lärchen (1830 m)
335/695 51 34/Helm-Seilbahn/26

Lavaredo (2344 m)
349/602 86 75/Rifugio Auronzo/ 12–15, 49

Lunelli (1568 m)
0435/671 71/Pádola/43

Malga Coltrondo (1879 m)
340/491 41 01/Kreuzbergpass/40, 41

Plätzwiese (1991 m)
0474/74 86 50/Prags/6

Stützpunkt in den Cadini: das Rifugio Fonda-Savio.

Rinfreddo (1887 m)
328/114 16 55/Pádola/40

Rotwandwiesen (1890 m)
0474/71 06 51/Bad Moos/35–38

Rudi (1914 m)
0474/71 00 63/Bad Moos/35–38

Sillianer (2447 m)
0043/664/532 38 02/ Helm-Seilbahn/26

Talschluss (1526 m)
0474/71 06 06/ Fischleinboden/29–36

Zsigmondy-Comici (2224 m)
0474/71 03 58/Fischleinboden/30, 31, 33, 34, 36

ÜBERNACHTUNGSVERZEICHNIS

€ unter 30 EUR €€ 30 – 60 EUR €€€ über 60 EUR
(pro Pers/DZ/incl. Frühstück)

Auronzo di Cadore..Plz 32041, Tel. +39 (0)435
Albergo Garni Barancio €€, Via Corte 17, Tel. 99851, www.barancio.it
Hotel Centrale €€, Via Vecellio 1, Tel. 400494, www.hotel-centrale.it
Hotel Auronzo €€, Via Roma 30, Tel. 400202, www.hotelauronzo.eu
La Nuova Montanina €€, Via Monti 3, Tel. 400005, www.lanuovamontanina.it
Hotel Juventus €€ - €€€, Via Padova 26, Tel. 9221, www.dolomitihotel.it
Albergo Miravalle €€, Via Alpini 9, Tel. 400068, www.miravalle.net
Albergo Meuble' Victoria €€, Via Cella 23, Tel. 99933, www.albergo-victoria.com
Blue House €€, Via Reane 60, Tel. 99193, www.bluehouse-bnb.com
Hotel Lavaredo €€, Via Monte Piana 11, Tel. 39127, www.lavaredohotel.it
Hotel Serena €€, Via Reane 38, Tel. 9419, www.albergoserena.com
Hotel Panoramic €€, Via Padova 15, Tel. 400198, www.panoramichotel.com

Innichen (San Candido).................................Plz 39038, Tel. +39 (0)474
Hotel Villa Stefania €€€, An der Botenbrücke 1, Tel. 913588, wwwvillastefania.com
Boutique-Hotel Orso Grigio €€€, Via Rainer Peter Paul 2, Tel. 913115, www.orsohotel.it
Leitlhof – Dolomiten Living €€€, Via Pusteria 29, Tel. 913440, www.leitlhof.com
Hotel Brandl €€ - €€€, Via Mercato Vecchio 33, Tel. 913393, www.hotelbrandl.com
Hotel Baranci €€ - €€€, Via Vitus Rastpichler 2, Tel. 913385, www.hotel-baranci.com
Sporthotel Tyrol & Wellness €€ - €€€, Via Vitus Rastpichler 2, Tel. 913198, wwwsporthoteltyrol.it
Parkhotel Sole Paradiso €€€, Sextner Str.13, Tel. 913120, wwwsole-paradiso.com
Garni – Hotel Am Burghügel €€€, Freisinger Str. 6A, Tel. 913604, www.burghuegel.it
Dolce Vita Alpina Post Hotel €€€, Via dei Benedettini 10A, Tel. 913133, www.posthotel.it
Gasthof Capriolo - Rehbock €€€, Via Pusteria 2, Tel. 913143, www.hotel-capriolo.com

Misurina..Plz 32041, Tel. +39 (0)435
Grand Hotel Misurina €€ - €€€, Via Monte Piana 21, Tel. 39191, www.grandhotelmisurina.com
Sorapiss €€ - €€€, Via Monte Piana 15, Tel. 39121, www.hotelsorapiss.it
Hotel Lavaredo €€€, Via Monte Piana 11, Tel. 39227, www.lavaredohotel.it

Niederdorf ....Plz 39039, Tel. +39 (0)474
Hotel Adler €€€, Piazza Von Kurz 3, Tel. 745128, www.hoteladler.com
Hotel Rose €€ - €€€, Hans Wassermann-Str. 10, Tel. 745121, www.hotelrose.bz.it
Hotel Bachmann €€, Hans-Wassermann-Str. 1, Tel. 745126, www.hotel-bachmann.it

Garni-Appartments Helvetia €€, Lanaweg 4, Tel. 745162, www.garni-helvetia.it
Pension Vitalhof Hirben €€, Rienzstr. 5, Tel. 745010, www.hirben.it
Pension Kühbacher €€, Bahnhofstr. 6, Tel. 745163, www.kuehbacher.com
Bar Irma - B&B €€, Kohlerweg 2, Tel. 745152, www.irma.bz
Pension Klara €€, Frau-Emma-Str. 63, Tel. 745220
Hotel Emma-Schwarzer Adler €€, Frau-Emma-Str. 5, Tel. 745122, www.hotel-emma.it
Schmiedhofer Mair Gertraud €€, Parkweg 19, Tel. 745007, www.schmiedhofer.it

Padola .... Plz 32040, Tel. +39 (0)435
Sport Hotel €€ - €€€, Via Milano 10, Tel. 470026, www.sporthotelpadola.it
Hotel D' La Varda €€, Via Rodolfo Martini 29, Tel. 67031, www.hotellavarda.it
Albergo Hotel Comelico €€, Via Milano 18, Tel. 470015, www.hotelcomelico.it
Hotel La Torre €€€, Via Milano 2, Tel. 470160, www.hotelspalatorre.com

Sexten .... Plz 39030, Tel. +39 (0)474
Hotel Strobl €€€, St. Veitweg 8, Tel. 710371, www.hotel-strobl.com
Alpenwellnesshotel St.Veit €€€, Via Europa 16, Tel. 710390, www.hotel-st-veit.com
Sextner Hof €€€, Dolomitenstr. Via Dolomiti 13, Tel. 710390, www.sextnerhof.com
Hotel Mondschein €€€, Dolomitenstr. Via Dolomiti 5, Tel. 710322, www.hotelmondschein.com
Hotel Tonyhof €€, Via Europa 5, Tel. 710393, www.tonyhof.com
Berghotel €€€, Via Monte Elmo 10, Tel. 710386, www.berghotel.com
Gästehaus Pension Gruber €€ - €€€, Via Leiten 7, Tel. 710229, www.gruber-sexten.com
Hotel Alpenblick €€€, St. Josef-Strasse 19, Tel. 710379, www.alpenblick.it
Garni Tschurtschenthaler €€ - €€€, Via Europa 7, Tel. 710284, www.tschurtschenthaler.eu
Haus Geiger € - €€€, Via Europa 1, Tel. 710270, www.hausgeiger.com

Toblach .... Plz 39034, Tel. +39 (0)474
Hotel Tschurtschenthaler €€€, Viale San Giovanni 22, Tel. 972477, www.tschurtschenthaler.com
Hotel Laurin €€ - €€€, Seeweg 5, Tel. 972206, www.hotel-laurin.com
Hotel Stauder €€ - €€€, Kurze-Wand-Straße 16, Tel. 972488, www.hotel-stauder.com
Hotel Simpaty €€€, St. -Johannes-Str. 4, Tel. 973330, www.dobbiaco.org
Apparthotel Germania €€ - €€€, Via Dolomiti 44, Tel. 972160, www.apparthotel-germania.com
Hotel Villa Monica €€ - €€€, Gebr.-Baur-Str., Tel. 972216, www.hotel-monica.com
Hotel Cristallo €€€, St. -Johannes-Str. 37, Tel. 972138, www.hotelcristallo.com
Hotel Dolomiten €€€, Via Alemagna 3, Tel. 972136, www.hotel-dolomiten.com
Union €€€, Via Dolomiti 24, Tel. 970100, www.hotelunion.it
Park Hotel Bellevue €€€, Via Dolomiti 23, Tel. 972101, www.parkhotel-bellevue.com

ORTE/TOURISMUSBÜROS

Auronzo (864 m)

Lang gestrecktes Straßendorf im unteren Ansiei-Tal. Zum großen Gemeindegebiet gehört auch Misurina mit seinem See.

Consorzio Turistico Tre Cime
Via Corte 18
I-32041 Auronzo di Cadore
Tel. +39/0435/99 603
info@auronzomisurina.it
www.auronzomisurina.it

Hochpustertal

Drei Zinnen Marketing
Dolomitenstraße 29
I-39034 Toblach
Tel. +39/0474/91 31 56
www.drei-zinnen.info

Innichen (1175 m)

Kulturelles Zentrum des obersten Pustertals, das sich aus dem 769 von Tassilo III. gegründeten Benediktinerkloster entwickelte. Sehenswerte romanische Stiftskirche mit Krypta, einzigartiger Bauplastik und Portalfresken von Michael Pacher (Venezianer Tor). Im Inneren des dreischiffigen Baus monumentale Kreuzigungsgruppe (Mitte 13. Jh.) mit ausdrucksstarken Figuren; nur wenig später dürfte das Kuppelfresko entstanden sein, das die Schöpfungsgeschichte thematisiert.
Das Museum des Stifts Innichen präsentiert sakrale Kunstwerke aus dem Domschatz (geöffnet Anfang Juni bis Mitte Oktober Donnerstag bis Samstag 16–18 Uhr; Mitte Juli bis Ende August auch Dienstag bis Samstag 10–12 Uhr).
Museum DoloMythos: siehe S. 182

Tourismusverein Innichen
Pflegplatz 1
I-39038 Innichen
Tel. +39/0474/91 31 49
info@innichen.it
www.drei-zinnen.info

Niederdorf (1157 m)

Stattliches Dorf im Hochpustertal, an der Straße von Bruneck nach Toblach. Sehenswert einige schöne alte Häuser im Ortskern,

Die Stiftskirche von Innichen.

Wildzerklüftet: das Haunoldmassiv bei Toblach.

über dem sich die barocke Pfarrkirche (Altarbilder von Martin Knoller) erhebt. Daneben die zierliche spätgotische Annakapelle. Aus der gleichen Epoche datiert die außerhalb des Ortes im freien Feld stehende Mooskirche (1491).
Fremdenverkehrsmuseum im Haus Wassermann: siehe S. 182

Tourismusverein Niederdorf
Bahnhofstraße 3
I-39039 Niederdorf
Tel. +39/0474/74 51 36
info@niederdorf.it
www.drei-zinnen.info

Sexten (1316 m)

Im Ersten Weltkrieg zu einem Großteil zerstörtes Dorf, heute Zentrum des Tourismus im Hochpustertal. Sehenswerte Totentanzfresken von Rudolf Stolz am Friedhof; eine umfassende Werkschau des Künstlers zeigt das Rudolf-Stolz-Museum (Öffnungszeiten beim Tourismusverein).

Tourismusverein Sexten
Dolomitenstraße 45
I-39030 Sexten
Tel. +39/0474/710 310
info@sexten.it
www.drei-zinnen.info

Toblach (1241 m)

Stattliches Dorf mit sehenswerter barocker Pfarrkirche (Deckenfresken von F. A. Zeiller). Schöne alte Häuser im Ortskern, darunter die Herbstenburg (um 1500). Im ehemaligen Grand Hôtel befindet sich das Informationszentrum des Naturparks Drei Zinnen mit einer Dauerausstellung zum UNESCO-Welterbe Dolomiten (geöffnet Mai bis Oktober Dienstag bis Samstag 9.30–12.30, 14.30–18 Uhr, Juli und August auch sonntags.
Im Ortsteil Altschluderbach kleiner Wildpark (geöffnet Mitte Juni bis Anfang Oktober). Zu besichtigen ist auch die Gustav-Mahler-Stube mit dem winzigen Komponierhäuschen.

Tourismusverein Toblach
Dolomitenstraße 3
I-39034 Toblach
Tel. +39/0474/972 132
info@toblach.info
www.drei-zinnen.info

REGISTER

Der Zwölfer im Abendlicht.

IMPRESSUM

1. Auflage 2021 Verlagsnummer 5733 ISBN 978-3-99044-910-3

Text und Fotos (soweit nicht anders angegeben):
Eugen E. Hüsler und Manfred Kostner

Titelbild: Spiegelung der Drei Zinnen (Foto: © Fabian Künzel)

Grafische Herstellung: wt-BuchTeam
Wanderkartenausschnitte: © KOMPASS-Karten GmbH
Kartengrundlage für Gebietsübersichtskarte S. 10–11, U4:
© MairDumont, D-73751 Ostfildern 4

Alle Angaben und Routenbeschreibungen wurden nach bestem Wissen gemäß unserer derzeitigen Informationslage gemacht. Die Wanderungen wurden sehr sorgfältig ausgewählt und beschrieben, Schwierigkeiten werden im Text kurz angegeben. Es können jedoch Änderungen an Wegen und im aktuellen Naturzustand eintreten. Wanderer und alle Kartenbenützer müssen darauf achten, dass aufgrund ständiger Veränderungen die Wegzustände bezüglich Begehbarkeit sich nicht mit den Angaben in der Karte decken müssen. Bei der großen Fülle des bearbeiteten Materials sind daher vereinzelte Fehler und Unstimmigkeiten nicht vermeidbar. Die Verwendung dieses Führers erfolgt ausschließlich auf eigenes Risiko und auf eigene Gefahr, somit eigenverantwortlich. Eine Haftung für etwaige Unfälle oder Schäden jeder Art wird daher nicht übernommen. Für Berichtigungen und Verbesserungsvorschläge ist die Redaktion stets dankbar. Korrekturhinweise bitte an folgende Anschrift:

KOMPASS-Karten GmbH
Karl-Kapferer-Straße 5, A-6020 Innsbruck
www.kompass.de/service/kontakt

FSC
www.fsc.org
MIX
Papier aus verantwortungsvollen Quellen
FSC® C015829